Susanne Seethaler

Kochen *wie ein* Buddha

Das Achtsamkeits-Kochbuch mit Übungen,
Geschichten und vegetarischen und
veganen Rezepten

Besuchen Sie uns im Internet:
www.knaur.de

© 2017 Knaur Verlag
Ein Imprint der Verlagsgruppe Droemer Knaur GmbH & Co. KG, München.
Alle Rechte vorbehalten. Das Werk darf – auch teilweise –
nur mit Genehmigung des Verlags wiedergegeben werden.
Fotos: Shutterstock.com: S. 5 Vladimir Wrangel, S. 17 Perfect Lazybones, S. 18 – 19 X-tina, S. 23 desk006,
S. 39 Dawn Balaban, S. 40 – 41 MagSpace, S. 43 natasoalone, S. 46 ZoranKrstic, S. 51 Gorbenko Olena,
S. 57 Miss Sakunee Buranathep, S. 62 Africa Studio, S. 66 – 67 Onchira Wongsiri, S. 70 b-hide the scene,
S. 73 Dream79, S. 75 u. papillondream, S. 81 images72, S. 91 DONOT6_STUDIO, S. 113 Kiian Oksana,
S. 118 – 119 Bartosz Luczak, S. 123 foto76, S. 127 MaraZe, S. 128 Elena Mayne, S. 131 Diana Taliun,
S. 133 Maryna Pleshkun, S. 137 wong yu liang, S. 138 – 139 Anna Bogush, S. 143 lazyllama,
S. 168 Catalina M, S. 177 Slavica Stajic; Susanne Seethaler: S. 27, 28, 31, 32, 37, 50, 53, 55, 56, 58, 59, 64,
77, 83, 86, 87, 88, 92, 96, 98, 104, 110, 115, 124, 144, 146, 151, 156, 157, 158, 159, 162, 164, 167, 170,
173, 176, 182, 185; Michaela Seethaler: S. 178; Sonia Serlenga: S. 121 Mi., 175; Claudia Sanna S. 121 o.;
Christine Steinhofer: S.148; Maria Bachmann: S. 11; Lynn Horstmann: S. 103; Ulrike Schäfer: S. 75 o.,
121 u.; Manufaktur Design München: S. 186, Hintergründe: Shutterstock.com
Dekoelemente: Shutterstock.com: Blumen S. S. 13 – 15, 187 Susii, Nüsse S. 71, 72 Utro_na_more,
Apfel S. 163 Liliya Shlapak; alle weiteren Dekoelemente: Claudia Sanna
Redaktion: Désirée Schoen
Covergestaltung: atelier-sanna.com, München
Coverabbildung: StockFood / Jalag / Schardt, Wolfgang
Satz: atelier-sanna.com, München
Druck und Bindung: Firmengruppe APPL, apprinta druck, Wemding
ISBN 978-3-426-65810-9

5 4 3 2 1

Für Muddi und Misse

Über Kochen und Essen zu schreiben ist wie über die Liebe zu schreiben, nur besser!
Unbekannt

Inhalt

Zur Einstimmung

Achtsam leben 10
Einblicke in das Leben einer Herzensköchin 12
Tischgebete 13
Hinweise zum Umgang mit diesem Buch 16

Frühstück

Achtsam kochen, essen und trinken – ein kleiner Leitfaden 20
Übung: Achtsam atmen 24
Süße Hirse mit Orangensaft, gedünstetem Obst und gerösteten Mandeln (vegan) 26
»Restebrei-Scheiterhaufen« mit Kokosmilch und Waldbeeren (vegan) 28
Das Glück des Kochs 30
Birchermüsli 32
Übung: Bertas Ei 34
Rührei auf Bauernbrot mit Honig-Senf-Frischkäse und Tomaten 36

Vorspeisen

Richtlinien für den achtsamen Koch 42
10 Tipps aus dem Zenkloster 46
Übung: Mit dem Körper arbeiten 47
Rote-Bete-Carpaccio mit Sahnemeerrettich, Frühlingszwiebeln und Walnüssen 52
Linsensalat mit gebackener Mango und Erdnussbutter-Limetten-Dressing (vegan) 53
Salat aus Babyspinat mit Äpfeln und Kartoffeldressing (vegan) 56
Thai-Bowl mit Reisnudeln, knackigen Zuckerschoten und Kokos-Koriander-Pesto 59
Die Lebensmittel-Tanten 61
Brokkoli-Kokos-Suppe mit Ingwer und Gurken-Minz-Topping (vegan) 62
Sellerie-Apfel-Suppe mit knusprigen Salbei-Chips (vegan) 64

Hauptspeisen

Achtsamkeit in der Küche – Ein Erfahrungsbericht aus dem Zenkloster 68
Übung: Hosentaschen-Nüsse 71
»Dicker Hannes« (Norddeutscher Kartoffelauflauf vom »Friedenshof«) mit lauwarmem Apfelmus 73
Stotter-Paul 76
Orientalische Karotten mit Orangenöl, Datteln, Minze und Granatapfeljoghurt (ohne Dip vegan) 79
Gefüllte Spinat-Feta-Pfannkuchen mit Tomaten-Schokoladen-Soße 82
Süßkartoffel-Kokos-Gratin mit gebratenen Austernpilzen und gebackenen Feta-Pflaumen 87

Der Zenmeister und das Reiskorn 90

Kartoffel-Brunnenkresse-Strudel mit Weißwein-Senf-Sahnesoße und Shoyu-Kernen 93

Pecorino-Mürbeteig-Tartelettes mit Trauben, Balsamico-Zwiebeln, Ziegenkäse und indischem Gurken-Raita 96

Übung: Der kleine Buddha badet 100

Veggie-Burger mit homemade Rote-Bete-Ketchup, Avocado und geschmolzenen Cocktailtomaten (vegan) 102

Homemade Rote-Bete-Ketchup 104

Veggie-Burger 106

Nepalesisches Kartoffel-Reisflocken-Curry mit Kokos-Mandel-Milchreis (vegan) 108

Spaghetti mit Linsenbolognese und »Cashewnuss-Parmesan« (vegan) 111

Kürbislasagne mit Orangen-Béchamel 114

Das große Festessen 116

Desserts

Wenn's drunter und drüber geht – die Herzensköchin im Alltag 120

Das wütende Kind an der Kasse 122

Vegane Mousse au Chocolat 124

Himbeer-Mascarpone-Creme mit knusprigen Amarettini-Bröseln und Mandelsirup 126

Zwetschgen-Marzipan-Crumble nach Edward E. Brown 128

Kirsch-Tiramisu 130

Eiscreme für die Seele 132

»Gepimptes« Vanilleeis mit Honigmandeln und Fleur de Sel 134

Übung: Der Alien 136

Brot und Kuchen

Edwards achtsame Resteverwertung 140

Vegan leben 142

Schnelle Cranberry-Knusperschnitten 144

Lauwarmer Schokoladen-Krokant-Kuchen mit Maracujasoße 147

Geburtstagskuchen von Mama – Saftiger Zitronenkuchen mit Schokoguss 149

Luzy im Fantasia-Land 152

Salzkaramell-Käsekuchen mit selbstgemachtem Karamell und aprikotisierten Birnen 154

Schwedischer Apfel-Zimt-Kuchen mit Hagelzucker 160

Hirse-Honigkuchen mit Mandeln und Kurkuma 165

Süße Rosinen-Milchbrötchen mit Vanillesahne und homemade Kürbis-Apfel-Sanddorn-Marmelade 168

Übung: Teig in meinen Händen 174

Pizzaschnecken mit Mozzarella und frischem Basilikum 178

Eine Scheibe »Extra-Brot« 180

Gesundes Körner-Knäckebrot 183

Die Autorin 186

Danke 187

Verzeichnis der Rezepte 188

ZUR EINSTIMMUNG

Achtsam leben

Achtsam sein bedeutet wach zu sein.
Es bedeutet zu wissen, was wir tun –
in jedem Moment unseres Lebens.
Jon Kabat-Zinn

Wie kocht eigentlich ein Buddha? Und hat der historische Buddha, der vor mehr als 2500 Jahren in Indien lebte und den wir alle, milde in sich hinein lächelnd, von vielen Statuen und Abbildungen her kennen, überhaupt jemals gekocht? Nun, ich denke, das Kochen hat der Buddha damals seinen Schülern und Anhängern überlassen, denn er selbst hatte dafür sicher keine Zeit, und ich bin mir auch ziemlich sicher, dass es keinen besonderen Speiseplan für ihn gegeben hat. Der Buddha war nicht sesshaft. Er zog mit seiner immer größer werdenden Gefolgschaft von Ort zu Ort und war oftmals auf Spenden, die häufig in Naturalien gegeben wurden, angewiesen. Da durfte und konnte er nicht wählerisch sein.

Der Begriff »Buddha« beschreibt einen Menschen, der zu Lebzeiten »erwacht« ist. Es gab und gibt also nicht nur einen Buddha, sondern viele – auch heutzutage. Ein »erwachtes« Lebewesen hat, vereinfacht ausgedrückt, sein volles Potenzial an Liebe, Freiheit, Mitgefühl und Weisheit entfaltet. Der Nährboden dieses wunderbaren Quartetts, das man in buddhistischen Kreisen auch »die vier himmlischen Verweilzustände« nennt, ist die Achtsamkeit. Beginnen wir also, wie ein Buddha zu kochen – oder zu arbeiten und zu leben –, dann trainieren wir zunächst unsere Achtsamkeit, damit sich auch in unserem Herzen nach und nach das volle Potenzial des Erwachens entwickeln kann.

Der Begriff Achtsamkeit ist heutzutage in aller Munde, doch was bedeutet Achtsamkeit ganz genau? In meinen Kochkursen stelle ich immer wieder fest, dass die meisten Menschen Achtsamkeit in erster Linie mit Konzentration gleichsetzen. Wer achtsam ist, ist konzentriert und fokussiert und dadurch leistungsfähiger und weniger anfällig für Stress, so die landläufige Meinung. Nun, in gewissem Maße sind eine verbesserte Konzentrationsfähigkeit und das Sinken des Stresspegels tatsächlich die natürlichen Folgen von gelebter Achtsamkeit, doch Achtsamkeit kann – und ist! – noch sehr viel mehr. Im Englischen wird Achtsamkeit mit »mindfulness« übersetzt, was meines Erachtens diesen »heilsamen Geisteszustand«, wie die Buddhisten sagen, weit besser umschreibt als unser deutsches Wort. »Mindfulness« bezeichnet einen präsenten, klaren und im positiven Sinne erfüllten Geist, der sich dessen, was gerade geschieht, vollkommen bewusst ist. Der Geist ist also tatsächlich konzentriert auf das Geschehen fokussiert, doch darüber hinaus schwingt er in jedem einzelnen Moment empathisch und voller Anteilnahme mit dem Erlebten mit. Anders ausgedrückt: Nicht nur der Geist, sondern auch das Herz ist weit offen und ganz bei der Sache. Geist und Herz sind vom Geschehen vollkommen absorbiert, also in Gänze davon ausgefüllt, und gleichzeitig so präsent und wach, dass sie gemeinsam, sprich als Team, in der Lage sind, weise und klare Entscheidungen im gegenwärtigen Augenblick zu treffen – und zwar nicht nur für sich selbst, sondern auch, wenn es die Situation erfordert, zum Wohle aller.

Wenn du dir jetzt immer noch nicht ganz im Klaren darüber bist, was Achtsamkeit, im normalen Alltag umgesetzt, eigentlich bedeutet: Keine Sorge, wir werden dies im Laufe des Buches anhand des Kochens und Essens mit ein paar einfachen Übungen gemeinsam ergründen.

Das Üben von Achtsamkeit kann übrigens richtig Spaß machen, das haben mir meine Kursteilnehmer und Kursteilnehmerinnen über all die Jahre hinweg immer wieder bestätigt. Achtsamkeitspraxis ist, anders, als du es vielleicht befürchtest, weder verstaubt noch langweilig; ganz im Gegenteil, sie regt unsere natürliche Neugier und Kreativität an und lässt uns im gegenwärtigen Moment wieder lebendig, frisch, zugewandt und liebevoll agieren.

Einblicke in das Leben einer Herzensköchin

*Behandle Lebensmittel wie dein Augenlicht.
Bemühe dich aufrichtig und verpasse keine Chance,
das Leiden zu verringern, anstatt es zu vermehren.*
Edward Espe Brown

Seit vielen Jahren gebe ich nun schon Kurse zum achtsamen Kochen und Essen. Alles begann mit dem Dokumentarfilm »How to Cook Your Life« von Doris Dörrie, der 2005 in den Kinos lief. Wie gebannt saß ich damals vor der Leinwand und beobachtete den amerikanischen Zenkoch Edward Espe Brown bei seiner Arbeit. Sein liebevoller Umgang mit den Lebensmitteln, aber auch mit seinen Küchengeräten, beeindruckte mich so tief, dass ich noch im dunklen Kinosaal beschloss, mein Leben radikal zu ändern, um ebenfalls »Zenköchin« zu werden.

Wieder zu Hause, suchte ich Edward im Internet und fand heraus, dass er auch regelmäßig Kurse in Österreich abhält. Im Sommer 2006 nahm ich erstmals an solch einem Kurs teil. Der Anfang war gemacht!

In den darauffolgenden Jahren begann ich neben meiner Teilzeitstelle als Buchhändlerin in kleinen Münchner Cafés als Köchin zu arbeiten und nebenher immer wieder für längere Zeit in buddhistischen Klöstern und Zentren zu meditieren, um die Achtsamkeitspraxis von der Pike auf zu lernen.

2010 wagte ich den Sprung über den Großen Teich, um in Edwards Zenkloster an der nordkalifornischen Küste ein paar Monate lang als einfache Küchenhilfe zu arbeiten. Nach meiner Rückkehr aus den USA kündigte ich meinen Job als Buchhändlerin, und zeitgleich bat mich Edward, seine Assistentin in Österreich zu werden. Im gleichen Jahr startete ich mit meinen ersten eigenen Achtsamkeitskochkursen.

Die Achtsamkeit ist mittlerweile zu einer festen Größe in meinem Leben geworden. Dank dieser Praxis ist mein Herz weit, offen, spontan und weitestgehend furchtlos geworden, und aus der einstigen Buchhändlerin wurde mit ihrer Hilfe eine Herzensköchin mit Leib und Seele. Der Name Herzensköchin wurde mir übrigens von einem Teilnehmer auf einem meiner ersten Kurse, die ich gab, verliehen; er ist mir bis heute geblieben, und ich trage ihn voller Stolz und vor allem mit großer Dankbarkeit.

Es scheint nahezu unglaublich, dass achtsames Rühren im Kochtopf oder das langsame und bewusste Verzehren einer Orange das eigene Leben fundamental zum Guten verändern kann. Aber es ist wahr, denn das sanfte, aber stete Üben von Achtsamkeit sprengt alte Blockaden und Verhärtungen, die sich über viele Jahre hinweg wie eine harte Kruste um das Herz gelegt haben, so dass wir endlich wieder von innen heraus strahlen und unser volles Potenzial leben können. Also, nichts wie ran an den Herd!

Tischgebete

Tischgebete sind fester Bestandteil vieler Kulturen, Religionen und Glaubensrichtungen. Mit dem Segnen der Speisen drücken die Menschen rund um den Erdball ihre Dankbarkeit für die Gaben der Natur aus. Ohne Nahrung ist der Körper nicht überlebensfähig. Der achtsame Umgang mit den Lebensmitteln, die uns zur Verfügung stehen, aber auch mit unserem Körper, den es zu pflegen und zu schützen gilt, ist ein wichtiger Aspekt einer im Alltag gelebten Achtsamkeitspraxis. Das Sprechen des Tischgebets richtet den Fokus unmittelbar auf das Gericht auf unserem Teller und ist so gesehen schon der erste Schritt zu einer achtsamen Nahrungsaufnahme.
Hier ein paar schöne Beispiele:

Tischgebet aus dem Zenkloster Plum Village in Südfrankreich

Diese Speisen sind das Geschenk des ganzen Universums.
Mögen wir achtsam essen.
Mögen wir unsere Gier durch maßvollen Verzehr zügeln.
Möge unsere Art zu essen die Leiden der Lebewesen verringern
und zur Bewahrung der Erde beitragen.

Tischgebet in der Tradition des Zenmeisters Thich Nhat Hanh

Mein Teller, der noch leer ist,
wird bald mit kostbarem Essen gefüllt sein.
Überall auf der Erde müssen Wesen um ihr Überleben kämpfen.
Wie glücklich kann ich mich schätzen,
dass mein Teller gefüllt wird.

Tibetisches Tischgebet

Dankbar empfange ich diese Mahlzeit,
in Ehrfurcht vor allen Lebewesen, die sie zu meinem Wohle gegeben haben.
Ich esse und trinke in Achtsamkeit, im Erleben eines Geschmacks,
gewahr, dass mein Körper ein heiliges Mandala ist.
Mögen meine Handlungen dem Wohle aller dienen und Leiden verringern.
Mögen alle Wesen, ohne Ausnahme, Glück und die Ursachen von Glück erleben.

Aus dem Zen

Beim ersten Bissen gelobe ich, nichts Böses mehr zu tun.
Beim zweiten Bissen gelobe ich, nur Gutes zu tun.
Beim dritten Bissen gelobe ich,
alle Wesen zu lieben und respektvoll zu behandeln.

Buddhistisches Wunschgebet

Mögen alle Wesen glücklich sein.
Mögen alle Wesen frei sein von inneren und äußeren Gefahren.
Mögen alle Wesen gesund sein.
Mögen alle Wesen erfüllt sein von wahrer Freude.
Mögen alle Wesen Verantwortung für ihr eigenes Herz übernehmen.
Mögen alle Wesen Gleichmut üben und in tiefem Frieden verweilen.

Hinweise zum Umgang mit diesem Buch

- Alle Rezepte sind, wenn nicht anders angegeben, auf vier Personen ausgerichtet.

- Die meisten Rezepte wurden im Rahmen meiner Achtsamkeitskochkurse entwickelt oder stammen, wenn nicht anders angegeben, aus meinem Repertoire als Seminarköchin für buddhistische Zentren und meiner langjährigen Tätigkeit als Köchin in einem kleinen Münchner Café.

- Bitte lies dir, bevor du zu kochen oder zu backen beginnst, das Rezept einmal komplett durch. So bekommst du zum einen ein erstes Gefühl für das Gericht, und zum anderen gerätst du während des Zubereitens und Kochens weniger unter Stress.

- Alle Meditationen und Achtsamkeitsübungen in diesem Buch bilden, neben den kulinarischen Genüssen, die Grundlage meiner Kurse und sind in der Regel von buddhistischen Meditationslehrern unterschiedlicher Traditionen, Zenmeistern oder durch die Lehrreden des Buddha selbst inspiriert.

- Manche Dinge versteht man besser, wenn sie in einer Geschichte »verpackt« sind. Einige dieser sogenannten »Weisheitsgeschichten«, die man sich mitunter schon seit Jahrhunderten in buddhistischen Kreisen erzählt, haben auch Einzug in dieses Buch gehalten. Die ursprünglichen Quellenangaben dieser Geschichten sind dabei im Laufe der Zeit oftmals verlorengegangen.

FRÜHSTÜCK

Achtsam kochen, essen und trinken – ein kleiner Leitfaden

Wer seinen Tee ohne Achtsamkeit trinkt,
der trinkt nicht wirklich Tee.
Er trinkt seinen Kummer, seine Angst, seinen Ärger,
und da kann es kein Glück geben.
Thich Nhat Hanh

Achtsam kochen

Eine selbstgekochte Mahlzeit ist ein großer Liebesbeweis.
Unbekannt

- Achte beim Einkaufen auf gute Qualität und versuche so viel wie möglich vom jeweiligen Produkt zu verwerten. Behandle alle Lebensmittel mit Respekt und Dankbarkeit.

- Ein Zenkoch verwertet immer das, was die Natur ihm gerade schenkt, und richtet seine Mahlzeiten, soweit es ihm möglich ist, nach den Jahreszeiten aus, um die Umwelt weitestgehend zu schonen.

- Bevor du zu kochen beginnst, denke immer daran, dass du FÜR jemanden kochst; du kochst FÜR deinen Körper, damit er gesund, fit und kräftig bleibt, und du kochst FÜR andere Menschen aus dem gleichen Grund.

- Mache dir bewusst, dass das Essen nicht nur als Nahrung dient, sondern dass es auch die Verkörperung von Lebensfreude und Genuss ist. Eine gute und gesunde Küche zeichnet sich durch Gerichte aus, die nicht nur dem Körper guttun, sondern auch Herz und Seele befriedigen.

- Zeit ist die wichtigste Zutat aller Gerichte. Lass dir also beim Zubereiten der Mahlzeiten so viel Zeit wie möglich.

- Segne deine Gerätschaften: In der Regel kennen wir nur das Segnen der fertigen Speisen auf dem Tisch mittels Tischgebet. Der Zenkoch aber segnet auch alle Gerätschaften, mit denen er in seiner Küche hantiert. So drückt er seine Wertschätzung und Dankbarkeit gegenüber den alltäglichen Dingen und Hilfsmitteln des Lebens aus und macht sich auch bewusst, wie schwer und mühsam seine Arbeit ohne Töpfe, Pfannen, Messer, Löffel usw. wäre. Durch den Respekt, den er mit Hilfe des Segnens den Küchengerätschaften zollt, geht der Zenkoch viel sorgsamer mit allem um, dadurch geht weniger kaputt, und die Dinge haben eine längere Lebenszeit.

- Verliebe dich ins Kochen! Ein alter japanischer Koch sagte einmal zu einem Gast, der in seinem Restaurant ein schlichtes, aber sehr schmackhaftes Gericht in den höchsten Tönen lobte: »Du willst das Geheimnis meines guten Essens wissen? Nun, ich bin in das Kochen verliebt!«

- Beginne die Welt durch die Augen eines Zenkochs zu sehen: Er ist sich bewusst, dass das, was er mit seinen Händen erschafft, zu den wertvollsten Dingen gehört, die er als Mensch für sich und andere Lebewesen tun kann. Dazu zählt natürlich nicht nur das Kochen!

- Lasse Reinlichkeit und Ordnung in der Küche walten. Für einen Zenkoch spiegelt der Arbeitsplatz den Geist wider. Eine unaufgeräumte Küche weist auf einen unaufmerksamen und mit Gedanken überfrachteten Geist hin.

- Reinige und ordne also zwischen den einzelnen Arbeitsschritten immer wieder die Arbeitsfläche und deine Arbeitsgeräte, so kommen frischer Wind und Klarheit sowohl in deine Kochkunst als auch in deine innere Welt.

- Bereite alle Lebensmittel – waschen, schälen und schneiden –, schon bevor das eigentliche Kochen beginnt, gut vor. Das spart Zeit und hilft dir, dich ganz auf den Kochvorgang zu konzentrieren.

- Öffne all deine Sinne während des Kochens. Schaue, rieche, taste und schmecke – und lass nicht zu, dass deine Gedanken, die naturgegeben immer wieder in die Zukunft oder in die Vergangenheit abschweifen wollen, die Oberhand gewinnen.

Achtsam essen und trinken

Wie wir essen, sagt eine Menge darüber aus, wie wir in anderen Bereichen unseres Lebens mit uns und unserem Körper umgehen.
Oryoki

- Atme ein, zwei Atemzüge lang bewusst ein und aus, bevor du zu essen oder zu trinken beginnst. Beobachte dabei das Heben und Senken der Bauchdecke, ohne aktiv ins Atemgeschehen einzugreifen.

- Danke dabei im Stillen – oder auch laut – jenen Menschen, die das Essen zubereitet haben, aber auch allen anderen, die dazu beigetragen haben, dass das, was da nun vor dir auf dem Teller liegt, zu dir gelangen konnte (siehe die Tischgebete auf S. 14 f.). Genauso ist es mit Getränken: Mache dir beispielsweise bewusst, wie viele Hände und wie viel Arbeit es braucht, damit letztlich das köstliche Aroma eines frisch aufgebrühten Kaffees in deine Nase steigen kann.

- »Ertaste« dein Essen zunächst mit all deinen Sinnen: Welche Farben hat es? Wie riecht die frisch gekochte Suppe? Wie fühlt sich der Apfel in deiner Hand an? Betrachte den Tee in deiner Tasse und den Dampf, der von dem heißen Getränk emporsteigt, oder schau kurz zu, wie sich die Bläschen des Mineralwassers munter nach oben bewegen. Mache dir dabei bewusst, dass unsere Erde, die Natur, die Sonne und der Regen, die Wolken, ja das ganze Universum dazu beigetragen haben, dass alle Nahrungsmittel, die du täglich zu dir nimmst, entstehen bzw. wachsen konnten.

- Schmecke mit jedem Bissen genau hin: Welche Geschmacksrichtungen kannst du herausschmecken? Welche Konsistenzen erfährst du in deinem Mund? Wie fühlt sich das Essen generell auf der Zunge, am Gaumen und in der kompletten Mundhöhle an? Wie und wo genau nimmst du heiß und kalt wahr?

- Nimm dir ausreichend Zeit. Kaue langsam, sorgfältig, bewusst und ohne über andere Dinge nachzudenken bzw. gedanklich abzuschweifen. Kaue also während des Essens nicht auch noch buchstäblich auf deinen Sorgen und Gedanken über die Zukunft oder die Vergangenheit herum. Um uns vollständig genährt zu fühlen, braucht es gar nicht viel; wenn du bei jedem Bissen mit deiner ganzen Aufmerksamkeit dabei bist, dann fühlst du dich sehr viel schneller satt, glücklich und zufrieden.

- Iss und trinke hin und wieder ganz für dich alleine und in Stille, so kannst du dich besser auf deine Mahlzeit einlassen und sie ohne Ablenkung mit all deinen Sinnen erfassen und genießen.

- Lege oder stelle immer wieder mal das Besteck, das Glas oder die Tasse beiseite und spüre jedem einzelnen Bissen oder Schluck, nachdem er deinen Mund in Richtung Magen verlassen hat, nach. Welche Aromen entfalten sich in der jetzt leeren Mundhöhle? Aus welchem Impuls heraus greifst du erneut zu Löffel oder Gabel: Ist es die Gier nach mehr, die Lust am Geschmack oder weil du noch nicht satt bist? Höre auf deinen Körper, er signalisiert dir auf ganz natürliche Weise, wann es genug ist.

- Wenn dein Teller oder die Tasse leer ist, halte einen Moment inne und beobachte ein paar Atemzüge lang wieder das Heben und Senken deiner Bauchdecke. Bedanke dich abschließend im Stillen für das köstliche Mahl oder das erfrischende Getränk.

Die Früchte des achtsamen Kochens

Achtsamkeit, egal, ob wir sie in der Küche, auf dem Meditationskissen oder im Büro praktizieren, wirkt wie ein »Frischmacher« auf Körper, Herz und Geist. Je öfter wir den Geist darin trainieren, fokussiert und mit mitfühlender Klarsicht die Dinge im »Hier und Jetzt« zu betrachten, desto offener wird das Herz, und im Garten unserer Seele beginnen die folgenden »Früchte« wie von selbst zu wachsen und zu gedeihen:

- Dankbarkeit
- Großzügigkeit
- innere Fülle
- Liebe
- Hingabe
- Freude
- Sinnlichkeit
- Heilung

Übung:
Achtsam atmen

Unser Körper wird nicht nur durch Nahrung, sprich durch Essen und Trinken am Leben gehalten, er braucht vor allem auch Luft zum Atmen. Der Atem hat im Rahmen der meisten Meditationspraktiken eine tragende Rolle; er dient zum Beispiel als Meditationsobjekt oder als sogenannter »Anker«, um den Geist zu stabilisieren. Aber selbst wenn du noch nie meditiert hast, kennst du trotzdem die beruhigende Kraft des Atems aus deinem Alltag: das tiefe Durch- bzw. Aufatmen in bzw. nach schwierigen Momenten oder die gezielte Konzentration auf den Atemfluss, um beispielsweise Gefühle wie Angst oder Wut in Schach zu halten.

Üben wir traditionelle Achtsamkeitsmeditation, egal, ob in der Küche, in banalen Alltagssituationen oder formell auf einem Meditationskissen, fällt dem Atem die Rolle des »Ankers« zu. Wir beobachten also zu Beginn einer jeden Achtsamkeitsmeditation den Atem, um dem Geist zu helfen, sich zu fokussieren, damit er sich anschließend ganz den Geschehnissen im gegenwärtigen Moment hingeben kann – und wir lenken ihn auch immer wieder zurück zum Atem, wenn wir merken, dass wir beginnen, gedanklich abzuschweifen. In dieser ersten Übung dreht sich also alles um deinen Atem, denn wenn du lernst, die Aufmerksamkeit immer wieder auf den Fluss des Ein- und Ausatmens zu lenken, wirst du überall und in jeder Situation ruhig und gelassen bleiben.

Ruhe und Gelassenheit sind zwei Grundvoraussetzungen, damit sich Achtsamkeit entfalten kann. Dein Atem bzw. die Konzentration darauf fungiert dabei bildlich gesehen wie ein Boot, das dich auf eine stille Insel bringt, von der aus du das Geschehen auf dem Meer ruhig und gelassen und dennoch hellwach genießen kannst – und zugleich ist er eben auch ein verlässlicher Anker, den du immer werfen kannst, damit du dich im Alltag, und sei es nur für ein paar wenige Sekunden, entspannen kannst.

Ich habe mir angewöhnt, mich vor jedem Tun, sei es am Herd oder anderswo, drei Atemzüge lang nur auf das Ein- und Ausatmen zu konzentrieren. Das Ergebnis ist, dass ich mich viel besser als früher auf meine Arbeit ausrichten kann; ich arbeite genauer, effizienter und deutlich kreativer, weil meinem Geist durch das kurze Ausrichten auf den Atem gestattet wird, den unendlichen Gedankenkreislauf zu unterbrechen und sich zu entspannen.

Nimm dir nun für die eigentliche Übung ein paar Minuten Zeit. Vielleicht stehst du gerade voller Vorfreude mit diesem Buch in deiner Küche, um eines der Rezepte auszuprobieren. Keine Sorge, du kannst gleich damit beginnen, setze dich aber zuvor kurz auf einen Küchenstuhl oder benutze eine andere Sitzgelegenheit. Setz dich aufrecht hin, bleib aber dennoch so entspannt wie möglich. Lasse deine Hände locker im Schoß ruhen und schließe die Augen.

Atme jetzt ein, zwei Atemzüge lang tief durch. Atme dabei mit geschlossenem Mund kräftig durch die Nase ein und mit leicht geöffneten Lippen hörbar durch den Mund wieder aus. Atme dann ruhig und ohne den Atemfluss zu beeinflussen weiter und lenke dabei die Aufmerksamkeit auf deine Bauchdecke. Beobachte ihr Heben und Senken bei jedem Atemzug. Stell dir vor, dass deine Aufmerksamkeit wie ein Schmetterling sanft und kaum spürbar auf der Bauchdecke »landet« und sich vertrauensvoll von der leichten Auf-und-ab-Bewegung tragen lässt.

Es ist ziemlich wahrscheinlich, dass der Schmetterling bald wieder davonflattern wird, sprich, dass dein Geist abschweift, um einem aufsteigenden Gedanken nachzujagen. Das macht nichts! Bemerke es, ohne dich davon beeindrucken oder darin verwickeln zu lassen, und »lande« dann wieder auf deiner Bauchdecke. Beende die Übung nach ein paar Minuten, indem du deine Augen aufschlägst und einmal kurz den Blick durch die Küche schweifen lässt. Jetzt kannst du erfrischt zu kochen beginnen.

TIPP: Du kannst während des Kochens – und auch während jeder anderen Tätigkeit – auf die gleiche Weise zum Atem zurückkehren. Du musst dich dabei nicht einmal hinsetzen oder die Augen schließen. Lenke einfach immer wieder während des Tages deine Aufmerksamkeit auf das Heben und Senken der Bauchdecke – und schon bist du im Hier und Jetzt, im gegenwärtigen Moment angekommen. Nach dieser kurzen »Auszeit« vom alltäglichen Gedankenkarussell fällt es deinem Geist viel leichter, achtsam zu kochen, zu arbeiten oder andere Dinge zu erledigen.

»Atme ein – und sei dir deines Einatmens bewusst. Atme aus – und lächle.«
Thich Nhat Hanh

Süße Hirse mit Orangensaft, gedünstetem Obst und gerösteten Mandeln (vegan)

Ich mag keinen Frühstücksbrei. Schon als kleines Kind mochte ich, Kartoffelbrei ausgenommen, keine Breie. Das hat sich auch im Laufe der Jahre nicht geändert. Achtsam zu sein bedeutet nicht, dass wir plötzlich alles mögen und die Welt durch eine rosarote Brille betrachten. Achtsam die Welt zu betrachten heißt lediglich, alle Dinge und Erfahrungen, alle Gefühle, die Gedanken und auch alle Körperempfindungen so zu sehen und anzunehmen, wie sie gerade in diesem Augenblick sind – ohne sie zu be- oder verurteilen und ohne aktiv einzugreifen, um etwas daran zu ändern.

Esse ich also achtsam Brei, dann bemerke ich alle Empfindungen, die damit einhergehen: die mir unangenehme Konsistenz im Mund und all die abwehrenden Körperreaktionen, Gefühle und Gedanken. Danach entscheide ich mich dann vermutlich, keinen Brei mehr zu essen. Wird er mir aber irgendwann dennoch wieder vorgesetzt, beispielsweise – was relativ häufig vorkommt – während eines buddhistischen Seminars, dann mache ich kein großes Drama deswegen, sondern übe mich erneut im achtsamen Verzehr des ungeliebten Frühstücksbreis.

Treffe ich auf einen Menschen, der seinen Morgenbrei über alles liebt, dann verurteile ich ihn deswegen nicht und versuche nicht, ihn mit meinen persönlichen Argumenten davon abzubringen, sondern ich freue mich mit ihm. Auch das ist gelebte Achtsamkeit!

Für einen Koch bzw. für mich als Köchin ist es eine wunderbare Herausforderung, eine Mahlzeit so gut zuzubereiten, dass sie mir selbst auch schmeckt, obwohl ich das Gericht an sich persönlich nicht mag. Meine süße Hirse ist in ihrer Konsistenz deswegen etwas körniger als herkömmlicher Hirsebrei – so konnte ich meiner Abneigung gegen Frühstücksbreie doch noch ein Schnippchen schlagen.

Bemerke die Konsistenz der Hirse in deinem Mund.

ZUBEREITUNGSZEIT:
ca. 15 Minuten

ZUTATEN FÜR 2 PERSONEN
FÜR DIE HIRSE:
150 g Hirse
300 ml Orangensaft
150 ml Wasser
evtl. etwas Ahornsirup zum Süßen

FÜR DAS OBST:
1 TL Kokosöl (du kannst auch Butter nehmen, dann ist dein Frühstück allerdings nicht mehr komplett vegan)
1 Birne (wahlweise auch 1 Apfel, 1 Nektarine, 2–3 Aprikosen usw.), gewaschen, von Kerngehäuse und Stiel befreit und in feine Spalten oder mundgerechte Stücke geschnitten
20 g geröstete Mandelblättchen (vorab trocken in einer kleinen, beschichteten Pfanne rösten)

AUSSERDEM:
1 kleiner Topf
1 kleine beschichtete Pfanne

ZUBEREITUNG:
Die Hirse in einen kleinen Topf geben. Orangensaft und Wasser dazugeben und kurz aufkochen lassen.
Die Hitze auf kleine Flamme reduzieren und die Hirse bei geschlossenem Deckel gar köcheln lassen. Gelegentlich umrühren.
Währenddessen in einer kleinen, beschichteten Pfanne das Kokosöl erhitzen und die Birne bzw. das Obst darin ca. 3 Minuten unter gelegentlichem Rühren andünsten, bis es weich ist.
Die fertige Hirse eventuell mit Ahornsirup leicht süßen und portionsweise in Schalen geben. Mit gedünstetem Obst und gerösteten Mandelblättchen garnieren.

»Restebrei-Scheiterhaufen« mit Kokosmilch und Waldbeeren (vegan)

Dieses Rezept habe ich mir überlegt, weil auf den buddhistischen Seminaren, die ich bekoche, immer wieder Frühstücksbrei übrig bleibt. Auf eine effiziente Resteverwertung wird in buddhistischen Zentren – und sicher nicht nur dort – großer Wert gelegt. Anfangs wusste ich nicht, was ich mit den verschiedenen Breiresten machen sollte, aber dann erinnerte ich mich an den »Scheiterhaufen«, ein Gericht aus meiner Kindheit. Beim Scheiterhaufen wird altbackenes Brot in einem Milch-Ei-Gemisch eingeweicht und dann mit eingelegten Kirschen – so machte es jedenfalls meine Großmutter – im Ofen gebacken. Mein Restebrei-Scheiterhaufen kommt ohne Milch und Ei aus, er ist also vegan, aber statt der Kokosmilch kannst du auch Mandel- oder Sojamilch verwenden.

Meistens finden die Seminare, die ich bekoche, komplett im Schweigen statt. Ich kann also niemandem erklären, welche Gerichte ich koche, deswegen lege ich beschriebene Zettel neben die Töpfe auf das Büfett, damit die Gäste wissen, womit sie es zu tun haben. Jedes Mal, wenn ich meinen »Scheiterhaufen-Zettel« morgens neben die Auflaufform lege, höre ich unterdrücktes Kichern, denn solch eine Bezeichnung für meinen Brei-Auflauf erwartet in einem buddhistischen Zentrum niemand zum Frühstück.

Wer Achtsamkeit praktiziert, weiß, wie wichtig es ist, sich auch den dunklen Seiten im Herzen mitfühlend zu nähern, um sie ohne Angst und Verurteilung betrachten zu können. Anfangs hatte ich Sorge, dass die Lehrer in den Seminarhäusern die Bezeichnung »Scheiterhaufen« nicht gutheißen würden, doch das Gegenteil war der Fall: Sie begrüßten diesen kleinen, verschmitzten Hinweis, der ihre Schüler und Schülerinnen charmant dazu auffordern kann, in der Meditation nicht nur nach den schönen Zuständen zu streben, sondern sich auch den »negativen« Emotionen zu stellen.

ZUBEREITUNGSZEIT:
2–3 Minuten

BACKZEIT:
ca. 20 Minuten

ZUTATEN:
150 g Restebrei, z. B. aus Hirse (siehe vorheriges Rezept), Polenta oder Haferflocken (Der Brei darf ruhig ein paar Tage alt sein, wenn du ihn im Kühlschrank zwischengelagert hast. Du kannst aber auch frischen Brei zubereiten, ihn leicht abkühlen lassen und dann lauwarm weiterverarbeiten.)
200 ml Kokosmilch (entsprechend mehr, falls du eine größere Menge Brei zum Verwerten hast)
100 g tiefgefrorene Waldbeeren
2–3 EL Kokosraspeln
evtl. Honig oder Ahornsirup zum Süßen

AUSSERDEM:
1 kleine Auflaufform

ZUBEREITUNG:
Den Backofen auf 180 Grad Ober-/Unterhitze bzw. 150 Grad Umluft vorheizen.
Den Brei gleichmäßig in eine kleine Auflaufform füllen. Die Kokosmilch gleichmäßig darübergießen. Die tiefgefrorenen Waldbeeren obenauf verteilen und abschließend großzügig mit Kokosraspeln bestreuen.
Das Ganze auf mittlerer Schiene ca. 20 Minuten im Ofen backen, bis die Kokosraspeln eine goldbraune Farbe angenommen haben. Zum Servieren portionsweise in Schälchen füllen und eventuell mit etwas Honig oder Ahornsirup süßen.

TIPP: Meistens sammle ich die verschiedenen übriggebliebenen Breie eine Woche lang, stelle sie derweil im Kühlschrank kalt und bereite den Scheiterhaufen dann am letzten Tag zu. Du kannst also auch unterschiedliche Reste zusammenmischen.

Das Glück des Kochs

In einem japanischen Zenkloster lebte einmal ein alter Mönch, der weit über die Grenzen des abgelegenen Gebiets, in dem das Kloster stand, bekannt war. Der Mönch diente und arbeitete schon seit Jahrzehnten als Koch in der Küche der kleinen monastischen Gemeinschaft, der er bereits als Jugendlicher beigetreten war, aber berühmt war er außerhalb der Klostermauern nicht aufgrund seiner Kochkünste, sondern wegen seiner glücklichen Ausstrahlung.

Jedes Mal, wenn man ihn im nahe gelegenen Ort auf dem Markt beim Einkaufen sah oder ihm beim langsamen Wandern durch die Wälder begegnete, schien er vor Glück und Zufriedenheit geradezu zu strahlen – und so kam es, dass sich die Menschen in Scharen auf den Weg machten, um ihn in seinem Kloster aufzusuchen und von ihm zu erfahren, wie man wirklich glücklich werden kann. Meistens sahen die Leute, wenn sie nach der mühsamen Wanderung endlich erschöpft durch das große Tor geschritten kamen, den alten Mönch mit einer Tasse Tee unter einem schattigen Baum sitzen. Es schien, als ob er nur auf sie gewartet hätte, um sie mit einem freundlichen Lächeln zu empfangen. Vielen wurde bei seinem Anblick ganz leicht ums Herz, und sie fühlten sich, als wäre eine schwere Last von ihren Schultern genommen.

»Sag, Meister, wie kommt es, dass du so glücklich bist?«, bestürmten sie den Koch.

»Wenn ich trinke, dann trinke ich«, sagte der Alte und hob langsam seine Teetasse an die Lippen. Er nahm einen tiefen Schluck, und ein leises Lächeln erhellte sein faltenreiches Antlitz.

»Das tun wir auch! Wenn wir Tee trinken, dann trinken wir Tee, verehrter Lehrer!«, riefen die Menschen. »Aber das alleine kann doch nicht das Geheimnis deines Glücks sein!«

»Nun, das stimmt«, erwiderte der Mönch, »wenn ich den Reis wasche, dann wasche ich Reis. Wenn ich Gemüse schneide, dann schneide ich das Gemüse. Wenn ich in der Küche am Herd stehe und in meinen Töpfen rühre, dann rühre ich in meinen Töpfen. Wenn ich Geschirr abwasche, dann wasche ich das Geschirr ab, und wenn ich nach getaner Arbeit durch die Wälder spaziere oder durch den Garten hier gehe, dann gehe ich.«

»Aber all dies tun wir doch auch!«, riefen sie da erneut und schüttelten ungläubig die Köpfe. »Bitte erzähle uns endlich das wahre Geheimnis deines Glücks!«

Der alte Mönch aber kicherte fröhlich in sich hinein. »Das ist das ganze Geheimnis, bitte glaubt mir!«, sagte er. »Wenn ich liege, dann liege ich. Wenn ich sitze, dann sitze ich. Wenn ich esse, dann esse ich, und wenn ich gehe, dann gehe ich. Euer Geist aber ist rastlos wie ein kleines Äffchen. Ihr seid bereits aufgestanden, obwohl ihr in Wahrheit noch sitzt. Ihr geht in Gedanken bereits los, dabei liegt ihr noch in eurem Bett, und ihr habt euer Mahl schon längst beendet, während ihr eigentlich immer noch kaut.«

Birchermüsli

Feder meiner Chefin Ines im Gartensalon, dem kleinen Münchner Café, in dem ich regelmäßig koche. Ines ist eine wahre Meisterin im Erfinden neuer, toller Kreationen, egal, ob es sich um Frühstücksmüslis, Brotaufstriche oder um brandneue, verführerische Kuchenrezepte handelt. Ihre Phantasie und ihre Leidenschaft für gutes Essen kennen keine Grenzen.

Achtsamkeit ist eine natürliche Fähigkeit unseres Geistes, ohne die wir unser alltägliches Leben gar nicht meistern könnten. Sie kommt immer dann ins Spiel, wenn wir uns beispielsweise ganz einer Aufgabe hingeben. Das kann beim Kochen geschehen, aber auch im Büro, wenn es vielleicht darum geht, sich mit voller Aufmerksamkeit auf eine Problemlösung zu konzentrieren. Achtsamkeit ist also etwas, das von Kindheit an in uns angelegt ist; wir müssen sie uns nicht erst mühsam aneignen, es geht lediglich darum, sie wie einen Muskel gezielt zu trainieren, damit wir davon profitieren können. Ein gut trainierter, kraftvoller »Achtsamkeitsmuskel« zeichnet sich unter anderem dadurch aus, dass wieder Leichtigkeit, innere Fülle, Gelassenheit und Kreativität Einzug in unser Leben halten.

ZUBEREITUNGSZEIT:
ca. 10 Minuten

KÜHLZEIT:
24 Stunden

ZUTATEN:
(Das Rezept ist für 4 Personen, du kannst die Mengen aber auch für 2 Personen halbieren; das Müsli hält sich 2–3 Tage im Kühlschrank.)

200 g feinblättrige Haferflocken
50 g gemahlene Mandeln
300 g Naturjoghurt, mild
200 ml Vollmilch (schmeckt aber auch gut mit fettarmer Milch)
2 EL Sahne
2 Äpfel, gewaschen, vom Kerngehäuse befreit und grob geraspelt
1 Msp. Zimt
2–3 EL Ahornsirup
Saft von 1–2 Zitronen
Obst nach Wahl und eventuell geröstete Mandelblättchen zum Garnieren

AUSSERDEM:
1 mittelgroße Schüssel, Reibe

ZUBEREITUNG:
Haferflocken, gemahlene Mandeln, Naturjoghurt, Milch und Sahne in eine mittelgroße Schüssel geben und gut verrühren.
Äpfel und Zimt unterrühren und mit Ahornsirup und Zitronensaft abschmecken.
Die Schüssel abgedeckt über Nacht bzw. für 24 Stunden in den Kühlschrank stellen, damit das Müsli gut durchziehen kann. Vor dem Servieren noch mal abschmecken und gegebenenfalls noch etwas Milch und Ahornsirup dazugeben.
Zum Servieren portionsweise in Schalen geben und mit Obst nach Wahl und eventuell mit gerösteten Mandelblättchen servieren.

TIPPS: Statt der Äpfel kannst du auch Birnen in dein Birchermüsli reiben und anstatt der Mandelblättchen z. B. auch gehackte Haselnüsse zum Garnieren verwenden.
Ich gebe neben dem Zitronensaft auch noch einen Schuss Orangensaft mit ins Müsli.

FRÜHSTÜCK

Übung:
Bertas Ei

Als ich ein kleines Mädchen war, erzählte ich meiner Schwester nachts in unserem Kinderzimmer oft leise flüsternd selbst erfundene Geschichten. Meine Phantasie war schier grenzenlos, und ich erfand die waghalsigsten Abenteuer, aber meine Schwester liebte vor allem eine Geschichte, die ich wieder und wieder erzählen musste. Sie handelte von einem wunderschönen, lockig blonden Haar, das glücklich auf dem Kopf eines Mädchens lebte, aber ständig Angst davor hatte, irgendwann vorzeitig auszufallen und verlorenzugehen. Eines Tages wurden die schlimmsten Befürchtungen des Haares tatsächlich wahr, denn es wurde unsanft von der Bürste ausgerissen. Nun begann für das hübsche Löckchen eine lange Reise, auf der es viele gefährliche Abenteuer zu bestehen hatte, auf der es aber auch neue, ungewöhnliche Freunde fand.

Noch heute erinnert sich meine Schwester buchstäblich haargenau an alle Details, und als sie mich vor einiger Zeit wieder darauf ansprach, reifte in mir die Idee zu nachstehender Übung, die ihren Ursprung in den Lehren des vietnamesischen Zenmeisters Thich Nhat Hanh hat.

Setze dich nun bequem auf einen Stuhl oder in einen Sessel und lies dir den folgenden Text zunächst einmal aufmerksam durch. Du kannst ihn auch deinen Kindern bzw. der ganzen Familie vorlesen und anschließend mit ihnen darüber sprechen. Wenn du diese Übung aber für dich alleine praktizierst, dann schließe danach die Augen und vergegenwärtige dir das Gelesene noch einmal. Mache dir anhand dieser Geschichte bewusst, dass alles auf dieser Erde voneinander abhängt und nichts alleine aus sich heraus entstehen oder gar separat auf sich gestellt existieren kann.

Ich möchte dir jetzt Berta vorstellen. Berta ist ein schönes, braunes Huhn, das auf einem Bauernhof irgendwo in Deutschland mitten auf dem Land wohnt. Berta ist ein glückliches Huhn, denn Bauer Johann lässt sie und ihre Hühner-Freundinnen frei herumlaufen. Jeden Tag legt Berta ein Ei in das frische Heu, das der Bauer im Hühnerstall für alle Legehennen auslegt, damit sie es weich und gemütlich haben.

Ohne die liebevolle Fürsorge des Bauern hätten die Hühner auf diesem Hof kein so schönes Leben, das weiß Berta. Sie hat schon von Hühnern gehört, die auf engstem Raum in Käfigen leben, ohne Bewegung, ohne duftendes Heu und ohne frische Luft und Sonnenlicht. Vorstellen kann sie sich ein solch schlimmes Leben zwar nicht, aber sie weiß, dass manche der menschlichen Zweibeiner zu solch einer leidvollen Tierhaltung fähig sind. Berta und ihre Kolleginnen hingegen dürfen picken und gackern, wo und wie sie wollen, und bekommen ihr Futter jeden Tag von der Bäuerin in hohem Bogen mitten auf den Hof gestreut. Meistens sind es Maiskörner, damit die Dotter der Eier schön gelb werden. Das mögen die Menschen, die später dann im Hofladen die Eier kaufen und zum Frühstück essen. Außerdem ziehen Berta und die anderen Hühnerdamen oft dicke Regenwürmer aus der Erde im Garten der Bäuerin oder halten nach Samen und anderen Leckereien in den Wiesen rund um den Bauernhof Ausschau. Das macht Spaß und hält zudem den Speiseplan abwechslungsreich.

Berta ist nicht nur ein wunderschönes, sondern auch ein sehr kluges Huhn. Sie weiß, dass all diese guten Bedingungen ihren Eiern dabei helfen, gesund und prachtvoll zur Welt zu kommen. Ohne die liebevolle Versorgung, ohne die tägliche Bewegung, die sie draußen genießen darf, ohne das Sonnenlicht, ja selbst ohne die dicke Schicht Heu, in die ihr tägliches Ei fällt, damit es nicht beschädigt wird, ohne all diese Gegebenheiten wären ihre Eier nicht das, was sie sind: schmackhafte und gesunde Energielieferanten für die Menschen.

Jeden Tag zieht sich also Berta in den Hühnerstall zurück, um ein Ei zu legen. Das ist sehr anstrengend, und danach gackert sie immer ganz erleichtert. In jedem einzelnen Ei ist auf geheimnisvolle Weise alles enthalten: die Sonne, der Regen und die Regenwürmer, die Maiskörner und die Liebe von Bauer Johann und seiner Frau Anna. Ja, im Grunde das ganze Universum – da kann man schon mal gackern vor Freude, oder?

Hat das Ei schließlich Bertas Körper verlassen, begibt es sich auf eine spannende Reise: Meistens kommt der Sohn der Bauersleute nach der Schule mit einem Körbchen in den Hühnerstall gelaufen, um Bertas Ei und die der anderen Hühnerdamen im Heu zu suchen. Danach werden die Eier sorgfältig gewaschen und in schöne Kartons gelegt. Die Bäuerin verkauft die gefüllten Eierkartons dann in ihrem Hofladen.

Bis Bertas Ei schließlich bei anderen Leuten als weich gekochtes Frühstücksei, als Rührei oder als Zutat in einem Kuchen landet, ist es durch viele Hände gegangen. Sie alle behandelten es sehr behutsam, damit es nicht beschädigt wird oder gar zerbricht. Schließlich findet das Ei seine finale Bestimmung und wird verzehrt. Schon im Mund wird es zerlegt und in seine Bestandteile aufgelöst, dann wandert es, in seiner Form bereits nicht mehr als Ei erkennbar, durch die Speiseröhre hinunter in den Magen und von dort aus weiter in den Darm. Die wichtigsten Nährstoffe, die der menschliche Körper zum Überleben braucht, gehen nun in den Organismus des Menschen über.

Bertas Ei wird also nach dem Verzehr auf geheimnisvolle Weise zu einem Teil von uns, und alles, was wir nicht verwerten können, verlässt anschließend unseren Körper wieder, um in einem anderen Kreislauf des Lebens fortzudauern.

Für Thich Nhat Hanh, der mittels ähnlicher Übungen seine Schüler und Schülerinnen unermüdlich darauf hinweist, dass alles aufs engste miteinander verbunden ist und dass folglich nichts eigenständig aus sich heraus existieren kann, offenbart sich die Welt auf anschauliche Weise im Großen und im Kleinen als ein komplexes Ganzes, in dem sich alles ständig verändert und wo dennoch nichts verlorengehen kann – es ändert lediglich seine Form.

Rührei auf Bauernbrot mit Honig-Senf-Frischkäse und Tomaten

Dieses lecker deftige Frühstück servieren wir täglich im Gartensalon, dem kleinen Münchner Café, in dem ich regelmäßig als Köchin arbeite. Du kannst das »Stramme Huhn«, wie wir dieses Gericht im Café nennen, immer wieder neu variieren, indem du unterschiedliche Brotaufstriche unter dem Rührei – egal, ob selbstgemacht oder gekauft – ausprobierst.

Der Gartensalon ist in der ganzen Stadt berühmt für seine Rühreier. Die Küche ist zum Ladenlokal hin offen – lediglich getrennt durch die Kuchentheke –, und immer wieder kommen Menschen an die Theke, um uns nach dem Geheimnis unserer Rühreier zu fragen. Wir sagen dann immer, dass ganz viel Liebe in der Zubereitung steckt, und das stimmt auch, denn wir alle lieben es, Rühreier zuzubereiten.

Für mich persönlich hat es bereits etwas ungemein Befriedigendes, wenn ich alleine schon die Eier in einer Schüssel aufschlage und mit einer Gabel so lange verrühre, bis sich kleine Bläschen an der Oberfläche zeigen. Damit gehe ich sicher, dass das Rührei später in der Pfanne schön luftig wird. Beim Verrühren ist es zudem wichtig, die Eiermasse mit der Gabel regelrecht »hochzuziehen«, denn auch das bringt zusätzlich Luft hinein.

Wir lassen uns im Gartensalon immer schön Zeit mit unseren Rühreiern, selbst dann, wenn es richtig stressig wird und wenn sich, zum Beispiel am Wochenende, die Bonzettel mit den Bestellungen häufen. Das Rührei muss so lange langsam in der Pfanne bei mittlerer Temperatur stocken, bis man es zu einer schönen Tasche falten bzw. zusammenklappen kann. Dann wird es mit dem Spatel mehrmals eingeritzt und immer wieder gewendet, damit es gar wird.

Ein perfektes Rührei wird ca. 2 Minuten »vor der Zeit« aus der Pfanne genommen, weil das Ei auf dem Teller dann noch ein bisschen »nachstockt«, wie das im Fachjargon heißt. Lässt man es zu lange in der Pfanne braten, wird es zu trocken.

Lass dir Zeit beim Kochen.

ZUBEREITUNGSZEIT:
insgesamt ca. 15 Minuten

ZUTATEN
FÜR DEN AUFSTRICH *(4 Portionen):*
200 g Doppelrahm-Frischkäse
1–2 EL Sahne
2 EL grobkörniger Senf
1–2 EL flüssiger Honig

FÜR DAS RÜHREI *(pro Person):*
1 Scheibe Bauernbrot
2 Eier (Größe L)
1 EL Sahne (sie bewirkt, dass das Rührei eine seidige Konsistenz bekommt)
Salz und frisch gemahlener Pfeffer
½ TL Schnittlauch, gewaschen und in feine Röllchen geschnitten
ca. 20 g Butter zum Braten

ZUM GARNIEREN:
1 Tomate, gewaschen und in Scheiben geschnitten (2 Tomatenscheiben pro Person)
Schnittlauchröllchen und frisch gemahlener Pfeffer

AUSSERDEM:
2 kleine Schüsseln, Rührgerät, Gabel, 1 beschichtete Pfanne, Gummispatel

ZUBEREITUNG:
Zuerst den Aufstrich zubereiten: Alle Zutaten in eine Schüssel geben und mit dem Rührgerät zu einer cremigen Masse verrühren. Abschmecken – der Aufstrich sollte eine ausgewogene Balance von Honig-Süße und Senf-Schärfe haben – und eventuell, ganz nach Geschmack, noch mehr Senf oder Honig dazugeben.

Jeweils eine Scheibe Bauernbrot auf flache Teller legen und großzügig mit dem Aufstrich bestreichen (der Rest hält sich ein paar Tage im Kühlschrank – du kannst ihn prima als separaten Brotaufstrich verwenden). Teller griffbereit beiseitestellen, bis die Rühreier fertig sind.

Für das Rührei 2 Eier pro Person in einer Schüssel aufschlagen. Sahne, Salz und Pfeffer dazugeben und mit einer Gabel kräftig verrühren.

Die Butter in eine beschichtete Pfanne geben und erhitzen. Die Hitze auf mittlere Flamme reduzieren und die Eiermischung dazugeben.

Die Schnittlauchröllchen gleichmäßig auf der Eiermasse verteilen und die Masse ca. 2 Minuten stocken lassen. Dann die Eiermasse mit einem Gummispatel vom Pfannenboden lösen und einklappen, so dass eine Art Tasche entsteht. Die »Tasche« mehrmals wenden, bis die Eier nach weiteren ca. 2 Minuten gar sind.

Hast du Rühreier für mehrere Personen in der Pfanne, dann ist jetzt der richtige Zeitpunkt, die Eiermasse mit dem Spatel vorab zu portionieren. Die Rühreier portionsweise auf die vorbereiteten Brotscheiben legen. Mit jeweils zwei Tomatenscheiben, Schnittlauchröllchen und Pfeffer garnieren.

VORSPEISEN

Richtlinien für den achtsamen Koch

Denk an den Deckel des Reistopfs wie an deinen eigenen Kopf und stell dir vor, dass das Waschwasser für den Reis dein eigenes Leben ist.
Zenspruch

Im 12. Jahrhundert entwickelte der große japanische Zenmeister Dogen das sogenannte Küchensutra, eine Anweisung für den Koch mit expliziten Vorgaben und Meditationen für das achtsame Arbeiten in der Küche eines Zenklosters. Nach diesen Richtlinien wird heute noch weltweit in allen Zenklöstern gekocht.

Der Tenzo, sprich der Chefkoch einer Zenküche, trägt eine große Verantwortung, denn er unterstützt mit seinen Speisen die Meditationspraxis der Mönche und Nonnen. Das japanische Wort Tenzo wird auch mit »jemand, der anderen dient« übersetzt. Ein Tenzo »dient« mit Hilfe seines Essens seinen Mitbrüdern und -schwestern auf mannigfache Weise. Er nährt und ernährt sie und hilft ihren Körpern durch ausgewogene Speisen, gesund zu bleiben. Er trägt also maßgeblich zum Wohlergehen der Sangha, sprich der Klostergemeinschaft bei.

Wenn wir damit beginnen, unsere Mahlzeiten achtsam zuzubereiten, dann »dienen« auch wir anderen Menschen – der Familie, dem Partner oder Freunden – und unserem eigenen Körper, denn ein unachtsamer Koch, der mit seiner Aufmerksamkeit nicht bei der Arbeit ist und der sein Herz nicht in den Lehren des Buddha, sprich in Weisheit und Mitgefühl, verankert hat, lässt all seine unheilsame Energie, negative Gedanken und Emotionen, unkontrolliert und unbewusst in das Essen fließen. Zudem kann er keine klaren Entscheidungen treffen.

Der Geist eines achtsamen Kochs hingegen ist ausschließlich auf das Tun im gegenwärtigen Moment ausgerichtet. Er hat alles im Fokus, einschließlich der Bewegungen des eigenen Körpers. Der Tenzo weiß also ganz genau, was er gerade macht, und lässt sich weder von seinen Gedanken noch von Emotionen ablenken – und er behandelt sowohl die Lebensmittel, die er verarbeitet, als auch alle Gerätschaften, die er zum Kochen und Arbeiten braucht, mit der größtmöglichen Sorgfalt. Diese liebevolle Aufmerksamkeit fließt nun, genau wie die Energie des unachtsamen Kochs, in die Mahlzeiten hinein und wirkt nicht nur in Hinsicht auf das Essen selbst, sondern auch auf einer feinstofflichen bzw. energetischen Ebene nährend und unterstützend auf alle Menschen, die diese Speisen zu sich nehmen. Der achtsame Koch entscheidet bei der Wahl seiner Zutaten stets zum Wohle aller; er wählt also Lebensmittel, die zum einen gesund und biologisch einwandfrei sind und zum anderen auch den Aspekt des Leidens berücksichtigen. Aus diesem Grund wird in Zenklöstern in der Regel kein Fleisch verarbeitet und manchmal sogar strikt vegan gekocht. Kein Tier soll des Menschen wegen leiden müssen – allen Lebewesen auf Erden sollen ausnahmslos Glück, Frieden und Freiheit zuteilwerden.

In manchen Klöstern, vor allen in jenen, die im Rahmen von Meditationskursen das ganze Jahr über für Laien offen stehen, herrscht oft sehr viel Kommen und Gehen, so dass es mitunter schwer ist, achtsam zu kochen, aber ein geschulter Tenzo betrachtet Hektik und Stress stets als Herausforderung, um seine Achtsamkeitspraxis weiter zu schulen und zu vertiefen.

Und das sind die Richtlinien für Zenköche im Einzelnen

- Jede Mahlzeit in einem Zenkloster sollte stets alle Geschmacksrichtungen beinhalten: sauer, süß, salzig, bitter, scharf, mild und neutral bzw. ausgleichend. Zu Letzterem zählen zum Beispiel Reis und Brot. Eine gute und ausgewogene Ernährung ist natürlich nicht nur für Mönche und Nonnen, die viele Stunden am Tag meditieren, wichtig. Auch im ganz normalen Alltagsleben macht allzu reichliches und fettiges Essen den Körper schläfrig. Sind die Gerichte zu deftig gewürzt, lässt die Konzentration nach, und zu viel Zucker bewirkt, dass alles wie durch einen Nebel wahrgenommen wird. All dies muss auch der Tenzo wissen, damit seine Klostergefährten auf dem Meditationskissen wach und frisch bleiben. Zudem ist er angehalten, seinen Mitbrüdern und Mitschwestern Mahlzeiten vorzusetzen, die die sogenannten »drei Vorzüge« in sich vereinen: achtsames Kochen, achtsames Anrichten der Speisen und einen ausgewogenen Wohlgeschmack jedes einzelnen Gerichts.

- Bevor es ans Kochen geht, rezitieren die Küchengehilfen zusammen mit dem Tenzo singend das Küchensutra, um sich anschließend vor dem Küchenaltar zu verbeugen und Räucherstäbchen zu entzünden. Zuletzt wird ein »Küchensegen« gesprochen, der nicht nur die Menschen, die in der Küche und im Kloster arbeiten, sondern auch alle Küchengerätschaften mit einschließt. Dann begibt sich jeder an seinen Arbeitsplatz.

- Beim Vorbereiten der Lebensmittel, beispielsweise beim Schneiden von Gemüse oder Waschen der Salatblätter, achtet der Tenzo darauf, dass jeder an seinem Arbeitsplatz achtsam und konzentriert ist.

- Der Tenzo und seine Gehilfen sind angehalten, alle Lebensmittel, aber auch die Küchengerätschaften, die verwendet werden, so zu behandeln, als würden sie »ihr eigenes Augenlicht hüten«. Die Mahlzeiten, die in der Küche zubereitet werden, sollen stets eines Buddha würdig sein, dabei werden rohe und gekochte Nahrungsmittel grundsätzlich gleich behandelt – liebevoll, sorgfältig und achtsam. Das Waschen der Reiskörner und das Schneiden der unterschiedlichen Gemüsesorten werden demnach mit der größtmöglichen Sorgfalt erledigt.

- Der Geist ist dem jeweiligen Tun ohne Ablenkung zugewandt. Der Koch und seine Gehilfen sind angehalten, an nichts anderes zu denken als an die Tätigkeit, die sie gerade verrichten. So darf zum Beispiel auch kein Reiskorn durch Unachtsamkeit oder Gedankenlosigkeit beim Waschen verlorengehen, aber auch die Erde und der Staub, die abgewaschen werden, werden mit großer Wertschätzung wahrgenommen, denn schließlich braucht der Reis die Erde, um gedeihen zu können.

- Kleine Tierchen, die sich zwischen dem Reis oder im Gemüse verirrt haben, werden liebevoll gerettet und vorsichtig hinaus in die Natur gebracht. Beim Gemüseschneiden sind alle angehalten, so wenig wie möglich zu verschwenden bzw. kaum Abfall zu produzieren, denn so gut wie alles soll irgendwie verwertet werden.

- Die Gesinnung des Tenzos – und aller anderen, die im Kloster leben und arbeiten – ist darauf ausgerichtet, die Lehren des Buddha auf jede Tätigkeit des Lebens zu übertragen, und scheint sie auch noch so banal. Für den Tenzo bedeutet dies, dass er aus den Lebensmitteln und dem Gemüse, das er verarbeitet, nicht nur ein Gericht kreiert, sondern dadurch auch, natürlich im übertragenen Sinn, dem Buddha zu Ehren »einen Tempel baut«. Die Lehren des Buddha basieren auf Mitgefühl, Weisheit, Gelassenheit und liebevoller Güte. Diese vier Grundpfeiler bilden auch die Basis einer achtsam zubereiteten Mahlzeit.

- Nach dem Kochen und Essen folgt der große Abwasch. In vielen Zenklöstern werden benutzte Teller, Schalen und Besteck von den Mönchen und Nonnen in bereitgestellten Wannen mit heißem Spülwasser jeweils selbst abgewaschen, dennoch bleibt für die Küchencrew meist noch genügend dreckiges Geschirr übrig. Töpfe, Schüsseln und andere Arbeitsgeräte müssen wieder, sauber geschrubbt und gewaschen, an ihrem angestammten Platz verstaut werden. Auch hier achtet der Tenzo peinlichst genau darauf, dass diese Tätigkeiten im Sinne der Achtsamkeit geschehen. Arbeitsgeräte und alle anderen Gegenstände des täglichen Gebrauchs werden mit großer Wertschätzung und Dankbarkeit behandelt, denn wie schwer und mühsam wäre unser aller Leben ohne die alltäglichen Hilfsmittel wie Messer, Töpfe, Teekessel, Löffel, Gabel, Teller, Tassen und vieles mehr. Diese Dinge sind, wenn auch auf den ersten Blick leblos und unbeseelt, unsere geduldigen Wegbegleiter. Sie bestehen, genau wie wir Lebewesen auch, aus den vier Elementen und verdienen deshalb Respekt und Zuwendung.

Der Geist ist dem jeweiligen Tun ohne Ablenkung zugewandt.

10 Tipps aus dem Zenkloster

- Handle stets aus dem gegenwärtigen Augenblick heraus.
- Mache immer nur eins nach dem anderen.
- Erledige die Dinge langsam und bewusst.
- Bringe deine Arbeit stets zu Ende.
- Entledige dich alles Überflüssigen – weniger ist mehr!
- Plane während des Arbeitstages Pausen bzw. Zeit zum Durchatmen ein.
- Lächle oft und diene anderen, sooft du kannst.
- Lass alle täglichen Arbeiten, wie Kochen und Putzen, zu deiner Meditation werden.
- Denk darüber nach, was wirklich notwendig ist – und handle danach.
- Lebe einfach!

Übung:
Mit dem Körper arbeiten

Eine gesunde Ernährung ist gut für den Körper, das weiß jeder, aber achtsames Kochen hat noch sehr viel mehr zu bieten, als dem Körper die optimale Nahrung zuzuführen, denn durch die Achtsamkeit beim Kochen nähren wir unseren Körper bereits vor der eigentlichen Mahlzeit. Durch das Entfalten von Achtsamkeit während des Zubereitens einer Mahlzeit legen wir gezielt und sehr bewusst das Augenmerk auf die Fähigkeiten jedes einzelnen Körperteils beim Schneiden, Rühren und bei allen anderen anfallenden Arbeiten in der Küche und geben dem Körper so die Chance, sein volles Potenzial zu entfalten und dadurch regelrecht »aufzublühen«. Die Folge ist, dass wir uns, vielleicht trotz Stress und großer Hektik im gegenwärtigen Moment, entspannt, fit und wohl in unserer Haut fühlen.

Schauen wir mit Hilfe des achtsamen Beobachtens genauer hin, dann bemerken wir, dass jeder einzelne Körperteil eine ganz bestimmte und überaus einzigartige Funktion hat – und alles zusammen ergibt dann diesen Körper, ein Wunderwerk der Natur und ein präzises »Uhrwerk«, in dem jedes Rädchen einen wichtigen Platz hat.

Natürlich wissen wir um dieses Wunder, aber wir haben verlernt, die Fähigkeiten unseres Körpers genauer zu betrachten und dadurch auch gebührend wertzuschätzen. Wir wünschen uns zwar, dass er funktioniert und gesund ist – und dass er nebenbei auch noch schön aussieht –, aber ansonsten kümmern wir uns, solange er uns keine Schmerzen oder andere Unannehmlichkeiten bereitet, in der Regel nicht allzu sehr um ihn. Beginnen wir ihn aber während der Arbeit und während aller anderen Handlungen und Tätigkeiten, die er tagein, tagaus ausführt, achtsam und aufmerksam zu betrachten, offenbart sich uns ein wahrer Kosmos an Schönheit und unentdeckten »Winkeln« und Geheimnissen.

Für diese Übung begeben wir uns jetzt also in die Küche, um eine Mahlzeit zuzubereiten. Doch dieses Mal liegt der Fokus nicht nur auf dem Endprodukt unserer Arbeit, dem leckeren Gericht, sondern auf dem Tun des Körpers während des Zubereitens und Kochens.

Nimm nun zunächst den Raum wahr, in dem du dich befindest, schau dich also bewusst in deiner Küche um. Was siehst du? Nutze die wunderbare Funktion deiner Augen, das Sehen, um alles um dich herum – Farben, Formen und das Licht – ganz genau wahrzunehmen. Meistens sind wir so in Gedanken und dermaßen damit beschäftigt, uns um Zukunft und Vergangenheit zu sorgen oder einfach nur darüber nachzudenken, dass wir im wahrsten Sinne des Wortes nicht sehen, was um uns herum geschieht. Vergegenwärtige dir also durch das

Sehen, dass du dich, mitsamt deinem Körper, gerade in diesem Raum befindest – und nirgendwo anders.

Stelle dich jetzt für ein, zwei Minuten aufrecht hin und lenke die Aufmerksamkeit bewusst auf deinen Körper in seiner Ganzheit. Fühle, wie er steht und wie seine Füße den Küchenboden berühren. Bemerke die aufrechte Haltung der Wirbelsäule und wie der Kopf am oberen Ende auf ihr regelrecht thront. Mache dir das Heben und Senken der Bauchdecke und des Brustkorbs bewusst und beobachte auf diese Weise für einen kurzen Moment das Atmen des Körpers; schau ihm dabei zu, wie er dich ohne dein willentliches Zutun mit Sauerstoff versorgt und am Leben erhält.

Dieses kurze Innehalten und das gleichzeitige »Sichbesinnen« auf den Körper, bevor du dich an die eigentliche Arbeit machst, egal, ob du nun kochst oder etwas anderes tust, hilft dem Geist, sich zu entspannen. Gleichzeitig wird die Konzentration geschärft, so dass du in der Folge alles, was anliegt, fokussierter erledigen kannst.

Beginne jetzt mit den Vorbereitungen für das eigentliche Kochen deiner Mahlzeit und versuche bei jeder Bewegung, die du machst, die Aufmerksamkeit weiterhin vor allem auf die Bewegungsabläufe des Körpers zu richten: Das Öffnen und Schließen des Kühlschranks und der Schränke – schaue deinen Händen dabei zu, wie sie die Lebensmittel und Küchenutensilien greifen und herausholen; fühle, wie sich die Arme dabei strecken und beugen. Das Waschen des Gemüses – spüre das Wasser auf deiner Haut und schau genau hin: Welche Farben und Formen erkennst du in den Früchten und Gemüsesorten?

Wir erfahren die Welt um uns herum durch die sogenannten »Sinnestore«, wie der Buddha sich ausdrückte. Wir tasten, schmecken, sehen, hören und riechen – und wir denken. Für den Buddha und seine vielen Nachfolger waren und sind auch die Gedanken einfach nur Sinneswahrnehmungen. Die Nase riecht, die Zunge schmeckt, die Ohren hören, die Augen sehen, die Haut ertastet, und das Gehirn denkt. Dieses Verständnis lässt uns, mit Hilfe einer regelmäßigen Achtsamkeitspraxis, deutlich entspannter mit allen Sinneseindrücken, also auch mit dem unendlichen Strom an Gedanken, die durch unseren Kopf ziehen, umgehen.

Doch zurück in die Küche. Jetzt geht es ans Schälen, Schneiden, Hacken und Schnippeln, und auch bei diesen Tätigkeiten bleiben wir mit der Aufmerksamkeit bei den »Sinnestoren«. Fühle das Gewicht der Kartoffel oder eines Hühnereis in deiner Hand. Spüre und ertaste die samtene Haut eines Pfirsichs, die Glätte von prallen Kirschen oder die rauhe Kruste von Brot. Rieche den erdig frischen Duft einer Tomate, während du sie in Stücke schneidest, und fühle gleichzeitig das Messer zwischen deinen Fingern und in deiner Hand.

Beginne anschließend beim Kochen genau zuzuhören. Das fließende Geräusch des Wasserstrahls, wenn du einen Topf mit Wasser füllst, um später darin Kartoffeln, Reis oder Nudeln zu kochen. Das Zischen von Öl in der Pfanne und das Blubbern einer sanft vor sich hin köchelnden Suppe.

Spüre deine Schultern, den Ellbogen und das Handgelenk, wie sie sich beim Rühren im Topf wie von selbst bewegen. Achte bei allen Bewegungsabläufen nicht nur auf einzelne Bewegungen, sondern immer auch auf den gesamten Körper, wie er da vor dem Herd steht und dir mit seinem ganzen Dasein und seinen wunderbaren Fähigkeiten dabei hilft, dass diese Mahlzeit, die du gerade kochst, letztendlich das Licht der Welt erblicken kann.

Da wir nun also wissen, dass es die Natur unseres Gehirns ist, zu denken und zu planen, kannst du den Fokus auch hin und wieder auf deine Gedanken lenken, ohne dich gleich von ihnen vereinnahmen zu lassen. Immerhin verdanken wir es dieser unglaublichen Fertigkeit der kleinen, grauen Zellen in unserem Kopf, dass so etwas wie ein Kochrezept überhaupt kreiert werden kann. Dein Gehirn hilft dir auch dabei, dass du mit den Kochabläufen nicht durcheinanderkommst, dass du die Mahlzeit vorausschauend planen kannst und dass du immer genau weißt, was zu tun ist. Wenn du allerdings bemerkst, dass deine Gedanken abschweifen und gar nichts mehr mit Kochen und dem Tun im gegenwärtigen Moment zu tun haben, du dich also mental in der Vergangenheit oder in der Zukunft zu verlieren drohst, dann lenke deine Aufmerksamkeit wieder zurück zum Körper und seinem momentanen Tun am Herd.

Diese Achtsamkeitsübung ist beendet, wenn das Essen fertig ist. Genau genommen kannst du aber immer – wenn es dir in den Sinn kommt oder auch ganz bewusst – weiterüben. Es gibt nahezu unbegrenzte Möglichkeiten, den eigenen Körper beim Tun und Handeln und in seinen Bewegungen achtsam zu beobachten. So kannst du auch später beim Essen in gleicher Weise fortfahren, indem du alle Abläufe der Nahrungsaufnahme in deinem Körper durch deine sechs Sinnestore genau beobachtest. Wie sieht das Essen auf dem Teller aus? Was kannst du alles erkennen, wenn du genau hinschaust? Wie riecht und duftet das Gericht, und wie schmeckt das Gekochte auf der Zunge? Welche Geschmacksrichtungen kannst du herausschmecken? Wie fühlen sich die verschiedenen Konsistenzen im Mund an, welche Gedanken zum Essen tauchen auf, und was machen eigentlich deine Hände und Finger, während du isst?

Dein Körper ist dein Zuhause.

Rote-Bete-Carpaccio mit Sahnemeerrettich, Frühlingszwiebeln und Walnüssen

Rote Bete waren das Gemüse meiner Kindheit. Meine Mutter liebt die roten Knollen bis heute heiß und innig und bringt sie immer noch oft auf den Tisch. Damals, in den 70er Jahren, war eigentlich gerade Dosengemüse der große Renner, doch da meine Mama einen kleinen Garten ihr Eigen nannte und nichts lieber tat, als mit ihren Händen in der satten Erde zu wühlen und frisches Gemüse zu ziehen, lernte ich schon sehr früh das unvergleichliche Aroma einer knackigen Karotte oder eben den erdigen Geschmack von Roten Beten kennen und schätzen. Diese Liebe zu frischem, heimischem Obst und Gemüse verbindet mich heute noch mit meiner Mutter.

ZUBEREITUNGSZEIT:
ca. 30 Minuten

ABKÜHLZEIT DER ROTEN BETE:
ca. 15 Minuten

ZUTATEN:
4 mittelgroße Rote Bete (1 pro Person; wenn es schnell gehen soll, kannst du auf bereits gekochte Rote Bete aus dem Supermarkt zurückgreifen, mit frischen schmeckt das Carpaccio allerdings viel besser!)
4 gehäufte EL Sahnemeerrettich
1 Bund Frühlingszwiebeln, gewaschen und in feine Röllchen geschnitten
ca. 200 g Walnüsse, grob gehackt
Olivenöl
Salz und frisch gemahlener Pfeffer

AUSSERDEM:
1 Topf, Sparschäler, 4 große, flache Teller

ZUBEREITUNG:
Zuerst die Rote Bete ca. 20 Minuten in reichlich Wasser gar kochen, anschließend 15 Minuten (lauwarm) auskühlen lassen.
Die noch lauwarme Rote Bete mit einem Sparschäler schälen und in dünne Scheiben schneiden.
Je 1 gehäuften Esslöffel Meerrettich portionsweise auf 4 große, flache Teller geben und dünn verstreichen. Die Rote-Bete-Scheiben fächerartig darauf anrichten. Frühlingszwiebeln und gehackte Walnüsse zu gleichen Teilen auf der Roten Bete verteilen. Großzügig Olivenöl darübergeben und abschließend salzen und pfeffern.

TIPP: Du kannst auch cremigen Ziegenkäse als krönenden Abschluss über dem Carpaccio verteilen.

Linsensalat mit gebackener Mango und Erdnussbutter-Limetten-Dressing (vegan)

Hülsenfrüchte aller Art werden in Zenklöstern und Meditationszentren häufig verkocht – zumindest dort, wo ich gearbeitet habe. Da in diesen Küchen meist ausschließlich vegetarische, wenn nicht sogar vegane Gerichte auf den Speiseplänen stehen, sind Hülsenfrüchte dort, mit ihrem hohen Anteil an Vitaminen, Eiweiß, Mineralstoffen und Spurenelementen, wichtige Nährstofflieferanten für eine ausgewogene und gesunde Ernährung.

Sei dankbar für die Gaben der Natur.

VORSPEISEN

ZUBEREITUNGSZEIT:
ca. 30 Minuten

BACKZEIT FÜR DIE MANGO:
10–15 Minuten

KÜHLZEITEN:
insgesamt ca. 60 Minuten

ZUTATEN
FÜR DEN SALAT:
200 g schwarze Belugalinsen (wahlweise braune Tellerlinsen), gewaschen und in einem großen Topf mit reichlich Wasser gar gekocht (Vorsicht: Kein Salz ins Garwasser geben, sonst werden die Linsen nicht weich; nach dem Kochen komplett abkühlen lassen – ca. 30 Min.)
1 frische rote Chilischote, gewaschen, nach Belieben von den Kernen befreit und in feine Ringe geschnitten (kann man auch weglassen, mir schmeckt es aber mit viel besser!)
2 große rote oder gelbe Paprika, gewaschen, vom Stiel und von den Kernen befreit und fein gewürfelt
4 Stangen Staudensellerie (ca. 350 g), gewaschen und in feine Würfel geschnitten
1 mittelgroßer saurer Apfel (z. B. Topaz oder Elstar), gewaschen, vom Kerngehäuse befreit und in feine Würfel geschnitten
2–3 EL frisches Koriandergrün, gewaschen und fein gehackt
2 EL geröstete und gesalzene Erdnüsse, fein gehackt

FÜR DAS DRESSING:
2–3 EL Olivenöl
Saft und Zesten von 1 unbehandelten Limette (Schale vorher unter fließend heißem Wasser abwaschen)
2 gehäufte EL Erdnussbutter (die mit den Stückchen)
reichlich Sojasoße
evtl. Wasser
evtl. Salz zum Abschmecken

FÜR DIE MANGO:
1 reife Mango, geschält, vom Stein befreit und in mundgerechte Stücke geschnitten
etwas Olivenöl
Meersalz

AUSSERDEM:
1 Topf, 1 große und 1 kleine Schüssel, 1 Backblech, Backpapier

ZUBEREITUNG:

Alle Zutaten für den Salat, mit Ausnahme der gehackten Erdnüsse, in eine große Salatschüssel geben und gut vermengen.

In einer kleinen Schüssel die Zutaten für das Dressing mit einer Gabel kräftig verrühren. Das Dressing darf übrigens ruhig ein bisschen salziger schmecken als gewohnt, denn die Linsen »schlucken« viel Salz. Es sollte eine cremige, nicht allzu flüssige Konsistenz haben; eventuell etwas Wasser dazugeben, falls das Ganze zu dickflüssig ist.

Das Dressing zu den anderen Zutaten in die Salatschüssel geben und alles gut vermengen. Die Schüssel abdecken und für 30 Minuten im Kühlschrank kalt stellen.

Währenddessen den Backofen auf 220 Grad Ober-/Unterhitze oder 200 Grad Umluft vorheizen.

Die Mangostückchen auf das mit Backpapier ausgekleidete Backblech legen, mit etwas Olivenöl beträufeln und mit Meersalz bestreuen. Auf mittlerer Schiene ca. 10–15 Minuten backen, bis sichtbar erster Saft austritt. Die Mango aus dem Ofen nehmen und leicht auskühlen lassen.

Den Salat nach dem Durchziehen im Kühlschrank eventuell noch einmal mit Sojasoße oder mit etwas Salz abschmecken und vielleicht noch ein bisschen Wasser oder Öl dazugeben, falls der Salat zu »trocken« erscheint.

Zum Servieren portionsweise den Salat in Schalen oder tiefen Tellern anrichten und die gebackenen Mangostücke portionsweise obenauflegen. Zum Abschluss mit den gehackten Erdnüssen bestreuen.

TIPP: Dazu passt Papadam, ein indisches Knusperbrot, das du in gut sortierten Asia-Läden bekommst. Ich backe Papadam grundsätzlich im Ofen, weil mir die Variante in der Pfanne – dort wird Papadam in reichlich Fett ausgebacken – zu fettig und mächtig ist. Einfach den Backofen auf 200 Grad Ober-/Unterhitze oder 180 Grad Umluft vorheizen und die Papadam auf dem Gitterrost auf mittlerer Schiene so lange backen, bis sie Blasen werfen. Aufgepasst, das geht recht schnell (ca. 1–2 Minuten)!

Papadam gibt es in verschiedenen Geschmacksrichtungen. Auf dem Foto sind Papadam mit schwarzem Pfeffer abgebildet.

Salat aus Babyspinat mit Äpfeln und Kartoffeldressing (vegan)

Obwohl ich weiß, dass frischer grüner Salat gut für meinen Körper ist, bin ich schon seit Kindertagen kein Fan davon. Eine regelmäßige Achtsamkeitspraxis fördert aber früher oder später all unsere Abneigungen und Vorurteile zutage, damit wir sie in einem klareren Licht erkennen und prüfen können, um dadurch die Möglichkeit zu bekommen, neu zu entscheiden. Diese Entscheidung ist dann geprägt von Weisheit und Mitgefühl, vor allem uns selbst gegenüber, aber auch hinsichtlich anderer Lebewesen und unserer Umwelt. Und siehe da: Ich liebe diesen Salat – und ich habe erkannt, dass mein Körper hin und wieder regelrecht nach Salat lechzt!

ZUBEREITUNGSZEIT:
ca. 20 Minuten

ZUTATEN
FÜR DAS DRESSING:
200 ml Gemüsebrühe
1 mittelgroße mehlig kochende Kartoffel, geschält und in kleine Würfel geschnitten
3 EL Olivenöl
2 EL Balsamicoessig
2–3 Spritzer Zitronensaft
1 Schalotte, geschält und sehr fein geschnitten
frisch gemahlener Pfeffer
evtl. Salz

FÜR DEN SALAT:
400 g Babyspinat, gewaschen und trocken geschleudert
2 säuerliche Äpfel (z. B. Elstar, Boskop oder Topaz), gewaschen, vom Kerngehäuse befreit und in dünne Scheiben geschnitten

AUSSERDEM:
1 kleiner Topf, 1 feinmaschiges Sieb, 1 kleine Schüssel, 1 Esslöffel, 1 große Salatschüssel

Lerne zu spüren, was dein Körper braucht.

ZUBEREITUNG:
Gemüsebrühe und Kartoffelwürfel in einen kleinen Topf geben und zum Kochen bringen. Etwa 10 Minuten auf mittlerer Flamme ohne Deckel köcheln lassen, bis die Kartoffelwürfel weich sind.
Die Kartoffelwürfel durch ein feinmaschiges Sieb in eine kleine Schüssel abgießen, um die Brühe aufzufangen. Anschließend die Kartoffelwürfel mit einem Esslöffel durch das Sieb streichen und mit der aufgefangenen Brühe verrühren.
Olivenöl, Balsamicoessig, Zitronensaft und Schalotten dazugeben und unterrühren. Mit frisch gemahlenem Pfeffer und eventuell etwas Salz abschmecken.
Babyspinat und Äpfel in eine Salatschüssel geben und mit dem Kartoffeldressing vermengen. Sofort servieren.

VORSPEISEN

Thai-Bowl mit Reisnudeln, knackigen Zuckerschoten und Kokos-Koriander-Pesto

Das Wort »Bowl« kommt aus dem Englischen und bedeutet »Schüssel« oder »Schale«. In der Gastronomie wird dieser Begriff hierzulande mittlerweile ebenfalls verwendet – für eine gesunde und ausgewogene Mahlzeit mit vielen Zutaten, die man genüsslich aus einem »Pott« löffeln kann und deren leckere Zusammenstellung einem nicht nur den Magen, sondern auch Herz und Seele wärmt. Eine Grundeigenschaft, die unsere Bowl übrigens mit dem Praktizieren von Achtsamkeit gemeinsam hat, denn auch die Achtsamkeit »wärmt« uns quasi in Form von Liebe und Mitgefühl von innen heraus.

Diese Vorspeise eignet sich auch super als Hauptgericht für zwei Personen zum Sattessen. Die Inspiration für das Thai-Bowl-Rezept kam mir übrigens, als ich mich eines Mittags bei meinem Lieblingsthailänder um die Ecke an einer klassischen Tom Kha Gai, der berühmtesten Suppe Thailands, erfreute und mir gleich überlegte, wie ich mein Wohlbehagen mit meinen Lesern und Leserinnen teilen könnte, ohne das Rezept eins zu eins zu kopieren.

ZUBEREITUNGSZEIT:
insgesamt ca. 35 Minuten

ZUTATEN
FÜR DAS PESTO:
1 großes Bund Koriandergrün, gewaschen
1 rote Chilischote, gewaschen und ggf. von den Kernen befreit (je nachdem, wie scharf du dein Pesto haben möchtest)
½ TL Sesamöl (wahlweise Olivenöl)
3 EL trocken geröstete Kokosraspeln
Salz

FÜR DIE BOWL:
ca. 100 g Reisnudeln
1 EL Kokosöl (wahlweise ein neutrales Öl wie z. B. Sonnenblumenöl)
1–2 TL grüne Thaicurry-Paste (wahlweise rote oder gelbe Paste; bekommst du in jedem Supermarkt in der Asia-Abteilung oder im Asia-Laden)
3 Stengel Zitronengras, von den dünnen Enden befreit, die dicken Vorderteile mit der Breitseite eines großen Messers platt gedrückt
5–6 getrocknete Kaffir-Limettenblätter (bekommst du in gut sortierten Supermärkten in der Asia-Abteilung oder im Asia-Laden)
5 cm frischer Galgant, gewaschen und fein geschnitten (wahlweise frischer Bio-Ingwer, geschält und fein geschnitten)
200 g Champignons, geputzt und in Scheiben geschnitten
1 rote oder gelbe Paprikaschote, gewaschen, von Stiel und Kerngehäuse befreit und in mundgerechte Stücke geschnitten
2 Stangen Staudensellerie, gewaschen und in mundgerechte Stücke geschnitten
500 ml Gemüsebrühe
1 Dose Kokosmilch à 400 ml
Saft und Zesten von ½ unbehandelten Limette (Schale vorher unter fließend heißem Wasser abwaschen)
2–3 Spritzer Fischsoße
1 Bund Frühlingszwiebeln, gewaschen und in ca. 1 cm große Stücke geschnitten
150 g Zuckerschoten, gewaschen und vorab ca. 2 Minuten lang in kochendem Salzwasser blanchiert, dann kalt abgeschreckt und anschließend in ca. 1 cm große Stücke geschnitten

AUSSERDEM:
1 Mörser oder Küchenmaschine, 1 kleine beschichtete Pfanne zum Rösten der Kokosraspeln, 1 kleine und 1 große Schüssel, Sieb, 1 großer Topf

ZUBEREITUNG:
Zuerst das Pesto zubereiten. Dazu Koriander – mitsamt den Stengeln –, Chilischote und Sesamöl im Mörser oder in der Küchenmaschine zu einer Paste verarbeiten. Die Paste in eine kleine Schüssel geben, geröstete Kokosflocken unterrühren und mit Salz abschmecken. Beiseitestellen.
Für die Bowl erst die Reisnudeln zubereiten. Dazu die Reisnudeln in eine große Schüssel geben und mit reichlich kochendem Wasser übergießen. Etwa 10 Minuten ziehen lassen, dann durch ein Sieb abgießen. Die Nudeln zurück in die Schüssel geben und beiseitestellen, bis die Bowl fertig ist.
Das Kokosöl in einem großen Topf erhitzen und die Currypaste darin anbraten. Zitronengras, Kaffir-Limettenblätter und Galgant dazugeben und kurz unterrühren. Dann die Gemüse dazugeben und 2–3 Minuten unter Rühren anbraten.

Das Ganze mit Gemüsebrühe und Kokosmilch aufgießen. Auf mittlerer Flamme ca. 8 Minuten köcheln lassen. Das Gemüse sollte noch knackig sein. Limettensaft und -zesten dazugeben, mit der Fischsoße abschmecken. Das Zitronengras entfernen.

Zum Servieren Reisnudeln und den Inhalt des Topfs portionsweise in Schalen geben. Großzügig mit Frühlingszwiebeln bestreuen. Obenauf die Zuckerschoten verteilen und mit Pesto abschließen.

Die Lebensmittel-Tanten

In koreanischen Supermärkten arbeiten oft sogenannte »Tanten«, so lautet dort die Übersetzung für weibliche Fachangestellte, die sich um die Kundschaft kümmern. Oberste Devise für diese Frauen: Liebevolles Umsorgen der Kunden, als wären es die eigenen Familienangehörigen – wie eine Tante eben. An jedem Verkaufsstand steht eine solche Dame, die ihre Kundschaft mit Obst oder Fischhäppchen füttert, sie fachkundig berät oder sogar ganze Gerichte für sie brät oder kocht.

Die Lebensmittel-Tanten sind aber nicht nur dazu angehalten, ihre Kundschaft zu verwöhnen, das Gleiche gilt auch für die Waren, die sie zum Verkauf anbieten. Jedem einzelnen Gemüse, jedem Apfel und auch dem kleinsten Fisch wird mit Wertschätzung und Respekt begegnet. Sie alle werden im besten Licht präsentiert und dem Kunden im wahrsten Sinne des Wortes mit allen Sinnen schmackhaft gemacht.

Brokkoli-Kokos-Suppe mit Ingwer und Gurken-Minz-Topping (vegan)

Diese leckere Suppe habe ich von einem Besuch aus England mitgebracht, denn dort wird, allen Unkenrufen zum Trotz, streckenweise richtig gut und gesund gekocht – man muss nur wissen, wo! Zur Praxis der Achtsamkeit gehört übrigens auch die sogenannte »achtsame Rede«. Das bedeutet im Klartext, dass wir uns täglich bemühen, nicht zu lügen, keinen ungeprüften Klatsch und Tratsch, der andere verletzen könnte, zu verbreiten und überhaupt genau abzuwägen, was wir sagen und den lieben, langen Tag so von uns geben.

Wie leicht können wir anderen mit unserer scharfen Zunge weh tun, ohne dass wir über die Konsequenzen groß nachdenken. Genauso ist es auch mit den besagten »Unkenrufen«, die uns weismachen wollen, dass ALLE Briten schlechte Köche sind. Diese Suppe ist der Gegenbeweis und erinnert uns auf wohlschmeckende Weise daran, dass es nicht schaden kann, hin und wieder die »achtsame Rede« in den Alltag einfließen zu lassen.

ZUBEREITUNGSZEIT:
insgesamt ca. 30 Minuten

ZUTATEN
FÜR DIE SUPPE
(für 4 Personen zum Sattessen oder für 6 Leute als Vorspeise):

2 EL Kokosöl
1 kleine Zwiebel, geschält und fein geschnitten
ca. 3 cm frischer Ingwer, geschält und fein geschnitten
1 grüne Chilischote, gewaschen, vom Stiel befreit und in feine Ringe geschnitten (evtl. die Samen entfernen, falls du es nicht so scharf magst)
ca. 700 g Brokkoli-Röschen (mit Strunk ca. 1 kg Bruttogewicht), gewaschen
2 TL Garam Masala
1,2 l Gemüsebrühe
1 Dose Kokosmilch à 400 ml
Saft und Zesten von 1 unbehandelten Limette (Schale vorher unter fließend heißem Wasser abwaschen)
1 Msp. Kurkuma
frisch gemahlener Pfeffer und evtl. Salz

FÜR DAS TOPPING:
1 Bio-Salatgurke, gewaschen, der Länge nach geviertelt und von den Kernen befreit
Salz
ca. 20 Minzeblätter, gewaschen, trocken getupft und fein geschnitten
1 Msp. gemahlener Kreuzkümmel

AUSSERDEM:
1 großer Topf, grobe Reibe, 1 Schüssel, feines Sieb, Pürierstab

ZUBEREITUNG:

Das Kokosöl in einem großen Topf erhitzen. Zwiebeln, Ingwer und Chili dazugeben und unter Rühren so lange anbraten, bis die Zwiebeln glasig werden. Brokkoli-Röschen und Garam Masala dazugeben und gut unterrühren. Mit der Gemüsebrühe ablöschen und bei reduzierter Hitze und geschlossenem Deckel ca. 10 Minuten köcheln lassen, bis der Brokkoli weich ist.

Währenddessen das Topping vorbereiten. Dazu die Salatgurkenstücke mit Hilfe einer Reibe grob raspeln und in eine Schüssel geben. Großzügig salzen, gut umrühren und ca. 10 Minuten ziehen lassen. Anschließend durch ein feines Sieb geben, mit kaltem Wasser abwaschen und dabei die Gurkenraspeln mit der Hand sanft ausdrücken. Die Gurken abtropfen lassen und zurück in die Schüssel geben. Minzeblätter und Kreuzkümmel dazugeben und untermischen. Bis zum Servieren der Suppe beiseitestellen.

Sobald der Brokkoli gar ist, Kokosmilch dazugeben und den Topf vom Herd nehmen. Die Suppe fein pürieren und abschließend Limettensaft und -zesten sowie Kurkuma dazugeben. Mit Pfeffer und eventuell mit Salz abschmecken.

Zum Servieren die Suppe in geeignete Teller oder Schalen füllen und jeweils mit 1 gehäuften Esslöffel Topping garnieren.

TIPP: Du kannst das Topping zusätzlich mit 2–3 Esslöffeln Naturjoghurt verfeinern, dann ist es allerdings nicht mehr vegan.

Sellerie-Apfel-Suppe mit knusprigen Salbei-Chips (vegan)

Auf die Idee mit den Salbei-Chips hat mich meine Freundin Mary aus Kalifornien gebracht. Mary ist selbständige Köchin und kocht oft für die Teilnehmer von mehrtägigen Meditationskursen, Yoga-Seminaren oder für Patienten in einer Suchtklinik. Um ihren Klienten zwischendurch gesunde Knabbereien anbieten zu können, hat sie vor Jahren damit begonnen, Grünkohl und anderes Gemüse, zusammen mit etwas Olivenöl und Meersalz, im Ofen knusprig zu rösten. Man kann sogar Rote Bete, Süßkartoffeln oder Pastinaken, solange sie hauchdünn geschnitten sind, in gesunde Chips verwandeln. Hier aber kommt nun meine Salbei-Variante. Ich bin gespannt, ob sie dir schmeckt!

ZUBEREITUNGSZEIT:
insgesamt ca. 30 Minuten

BACKZEIT FÜR DIE SALBEI-CHIPS:
ca. 20–25 Minuten

ZUTATEN
FÜR DIE SALBEI-CHIPS:
15 frische Salbeiblätter, gewaschen und trocken getupft
1 EL Olivenöl
½ TL Meersalz

FÜR DIE SUPPE:
2 EL Kokosöl
2 Schalotten, geschält und in feine Würfel geschnitten
500 g Knollensellerie, geschält und in Würfel geschnitten
4 säuerliche Äpfel (z. B. Elstar oder Boskop), gewaschen, vom Kernhaus befreit und in Würfel geschnitten
500 ml Gemüsebrühe
300 ml Apfelsaft
1 TL gelbes Currypulver
1 Prise Kurkuma
1 Dose Kokosmilch à 400 ml
Salz und frisch gemahlener Pfeffer

AUSSERDEM:
1 Schüssel, 1 Backblech, Backpapier, 1 Topf, Rührgerät oder Pürierstab

ZUBEREITUNG:
Zuerst die »Chips« rösten. Den Backofen auf 180 Grad Ober-/Unterhitze oder 150 Grad Umluft vorheizen. Die Salbeiblätter in eine Schüssel geben und mit Olivenöl und ½ Teelöffel Meersalz vermengen.
Ein Backblech mit Backpapier auslegen und die Salbeiblätter gleichmäßig darauf verteilen und ca. 30 Minuten auf oberster Schiene rösten. Aufpassen, dass die Blätter nicht braun werden, sonst schmecken sie bitter.
Während die Salbeiblätter im Ofen sind, das Kokosöl für die Suppe in einem großen Topf erhitzen und die Schalotten darin dünsten, bis sie glasig sind.
Sellerie- und Apfelstücke dazugeben, gut umrühren und ca. 2–3 Minuten andünsten. Mit Gemüsebrühe und Apfelsaft aufgießen. Alles zusammen aufkochen lassen und dann auf mittlerer Flamme gar kochen, bis auch der Sellerie ganz weich ist.
Currypulver, Kurkuma und Kokosmilch dazugeben und ein letztes Mal kurz aufkochen lassen.
Den Topf vom Herd nehmen und die Suppe fein pürieren. Abschließend mit Salz und Pfeffer abschmecken. Die Chips aus dem Ofen nehmen.
Zum Servieren die Suppe portionsweise in geeignete Teller füllen und mit den Salbei-Chips garnieren.

Wer achtsam ist, sieht die Dinge, wie sie wirklich sind.

HAUPTSPEISEN

Achtsamkeit in der Küche – Ein Erfahrungsbericht aus dem Zenkloster

2010 arbeitete ich erstmals als Küchenhilfe in einem amerikanischen Zenkloster an der kalifornischen Pazifikküste. Ich hatte mir für drei Monate ein kleines Zimmer in einer nahe gelegenen Kleinstadt gemietet und fuhr jeden Morgen mit dem Auto auf dem Highway nach Green Gulch, einer sogenannten Zenfarm nahe San Francisco. Eine »Zenfarm« ist ein Zenkloster mit großen Ländereien, auf denen Biogemüse und -obst für den Verkauf angebaut werden. Green Gulch beliefert vor allem Restaurants und kleinere Bauernmärkte in der näheren Umgebung.

Das Küchenteam von Green Gulch traf sich jeden Morgen vor Arbeitsbeginn in dem winzigen Büro von Reirin, der Küchenchefin, um gemeinsam vor dem kleinen Küchenaltar zu beten und zu singen. Ich musste früh aufstehen, um daran teilnehmen zu können.

Green Gulch ist stets gut besucht, und die Zubereitung der Mahlzeiten benötigt deshalb viel Vorbereitung. Neben den Mönchen und Nonnen, die hier leben, arbeiten und wohnen auch sogenannte Laien sowie Landarbeiter auf Zeit im Kloster. Wir kochten also täglich, zumindest während der Zeit meines Aufenthalts, für fast hundert Leute.

Im 12. Jahrhundert unserer Zeitrechnung erstellte der berühmte japanische Zenmeister und Küchenchef Dogen ein sogenanntes »Küchensutra«, das bis heute in allen Zenklöstern weltweit Gültigkeit hat (siehe auch den Abschnitt »Richtlinien für den achtsamen Koch«, S. 42). Den Küchenchef eines Zenklosters nennt man traditionell »Tenzo«, und das Wort »Sutra« bezeichnet eine buddhistische Unterweisung. In diesem Küchensutra beschrieb also der Tenzo Dogen seinen Mitmönchen ganz genau, wie man sich in einer Zenküche allgemein verhält und wie man darin achtsam arbeitet und kocht. Denn nur ein achtsamer Koch ist in der Lage, die Mahlzeiten so zuzubereiten, dass seine Brüder – und Schwestern – gut genährt und dennoch voller Leichtigkeit und mit hoher Konzentration den Alltag im Kloster meistern und nebenbei auch noch stundenlang meditieren können.

Jeden Morgen, wenn wir uns im Büro unseres Tenzos Reirin in Green Gulch trafen, fassten wir uns bei den Händen und stellten uns im Halbkreis vor der bronzenen Buddhastatue auf dem winzigen Altar über Reirins Schreibtisch auf. Ein Räucherstäbchen wurde angezündet, und dann begannen wir besagtes Küchensutra in halblautem Singsang, und natürlich in Englisch, zu rezitieren. Dann sprach einer von uns den sogenannten Küchensegen, in dem für die Mitarbeiter, aber auch für alle Gerätschaften, mit denen wir in der Küche zu tun hatten, der Segen des Universums und aller Buddhas erbeten wird. Danach verbeugten wir uns mit gefalteten Händen erst vor dem Altar und dann reihum voreinander, um uns daran zu erinnern, dass jedem von uns ein kleiner, gelassener und mitfühlender Buddha innewohnt, den es zu ehren gilt und zu dem wir auch in stressigen und schweren Zeiten Zuflucht nehmen können. Anschließend wurde die anfallende Arbeit besprochen. Dabei wurde besonders darauf geachtet, dass immer wieder jemand anders aus dem Team den Platz am Herd einnahm, um zum Beispiel das Hauptgericht fürs Mittagessen zu kochen. So wurde sichergestellt, dass sich keine Hierarchie innerhalb der Küchencrew – mit Ausnahme unseres weiblichen Tenzos natürlich – bildete. Alle waren gleichgestellt, keiner wurde bevorzugt behandelt oder gar benachteiligt. Jeder Posten in der Küche hatte den gleichen Stellenwert, und auch jeder einzelne Handgriff war gleichbedeutend, egal, ob es das Entsorgen des Mülls, das Kochen des Hauptgerichts oder das Erstellen des Speiseplans war.

Sobald wir die Küche betreten hatten, galt ein Schweigegebot, das lediglich gebrochen wurde, wenn es um die Sicherheit der Mitarbeiter ging. Lief ich zum Beispiel mit meinem scharfen Gemüsemesser zum Spülbecken, um es unter fließendem Wasser zu reinigen, so musste ich während meines Gangs durch die Küche laut »Knife!, Knife!, Knife!« (Messer!, Messer!, Messer!) rufen, damit niemand aus Versehen verletzt werden konnte. Öffnete der Koch am Herd den Backofen oder hob er einen großen Topf mit kochender Suppe von den Kochplatten, dann schallte laut »Heat!, Heat!, Heat!« (Hitze!, Hitze!, Hitze!) durch den Raum. Ansonsten waren nur die Arbeitsgeräusche zu hören, und da wir vorher schon im Büro genaue Anweisungen bekommen hatten, wer welche Arbeiten wie zu erledigen hatte, mussten in der Regel auch keine Fragen mehr gestellt werden.

War dies dennoch der Fall, schrieb man die Frage auf einen Zettel – ein Block mit Stift lag immer auf einem kleinen Regal neben der Tür zum Büro – und legte ihn dem Tenzo vor. Reirin antwortete dann entweder leise flüsternd oder schrieb die Antwort ebenfalls auf einen Zettel. Das Ganze funktionierte reibungslos.

Die meiste Zeit wurde ich zum Gemüseschneiden eingeteilt. Wir waren angehalten, unseren Arbeitsplatz stets sauber zu halten und so wenig Abfall wie möglich zu produzieren; selbst Kohlstrünke, Zwiebel- und Karottenschalen oder leicht welke Salatblätter landeten in Green Gulch nicht auf dem Komposthaufen. Wir sammelten sie in einer extra Schüssel und kochten sie später mindestens eine Stunde lang in reichlich Wasser aus. Anschließend wurde das Ganze durch ein großes Sieb gegeben und die Flüssigkeit in einem Behälter aufgefangen – gut abgeschmeckt mit Salz, Pfeffer, Sojasoße und anderen Gewürzen bildete diese hausgemachte Gemüsebrühe später die Grundlage für viele Suppen.

Auf einer kleinen Ablagefläche lag der Wochenspeiseplan von Green Gulch, und direkt daneben stand auf einem blauen Samtkissen ein kleines bronzenes Glöckchen, das in unregelmäßigen Abständen von unserem Tenzo geläutet wurde. Der Klang der Glocke hatte eine ganz besondere Bedeutung: Jede Arbeit in der Küche, egal, wie wichtig sie einem gerade erschien, wurde dann für eine Minute niedergelegt, um die Konzentration auf den eigenen Atem zu lenken. Anfangs nervten mich diese Unterbrechungen meines Tuns regelrecht, denn ich hatte Angst, deswegen meine Arbeit nicht zu schaffen. Aber nach und nach lernte ich das kleine Glöckchen sehr zu schätzen; es ermöglichte mir im wahrsten Sinne des Wortes ein »Durchatmen« in der Hektik des Küchenalltags – und durch das achtsame Beobachten der Atemzüge lernte mein Geist, sich generell besser zu konzentrieren. Durch das permanente Praktizieren von Achtsamkeit arbeitet man zwar scheinbar langsamer und bedächtiger, da einen aber weder plappernde Gedanken noch äußere, störende Umstände ablenken können und man somit die komplette Aufmerksamkeit auf das gegenwärtige Tun ausgerichtet hat, geht die Arbeit viel effizienter von der Hand.

In der Küche von Green Gulch wurde in mehreren Schichten gearbeitet; für die Zubereitung von Frühstück, Mittag- und Abendessen waren oft, mit Ausnahme von Reirin, der Küchenchefin, unterschiedliche Leute verantwortlich. Viele von ihnen arbeiteten, genau wie ich, ehrenamtlich. Manche kamen an ihren freien Tagen aus den umliegenden Gemeinden angereist, um neben den Küchenarbeiten auch auf den Feldern oder beim Putzen mit anzupacken.

Nach dem Servieren des Mittagessens war meine Schicht in der Regel beendet, aber ich half meistens noch beim Abwasch. Nach getaner Arbeit stellten wir uns dann alle in der kleinen Spülküche, direkt neben dem Speisesaal, noch einmal im Kreis auf. Wir lächelten einander zu, falteten die Hände vor unseren Herzen zum Gruß und verneigten uns in Dankbarkeit voreinander – in dem Bewusstsein, dass jeder im Team sein Bestes gegeben hatte.

Sei still – und lausche dem Leben.

Übung: Hosentaschen-Nüsse

Wenn man damit beginnt, Achtsamkeit im Alltag zu praktizieren – sei es zu Hause oder am Arbeitsplatz –, dann kann sich das anfangs wie eine große Herausforderung anfühlen, denn der untrainierte Geist ist es schlichtweg nicht gewohnt, sich für längere Zeit auf das gegenwärtige Tun auszurichten. Er schweift gedanklich ab, während wir die Suppe auf dem Herd umrühren oder das Gemüse schneiden. Er verheddert sich in der Vergangenheit, während wir Teig kneten, oder plant beim Abwasch munter in die Zukunft hinein. Die nun folgende Übung hilft diesem sogenannten Anfänger-Geist, sich spielerisch auf die Achtsamkeitspraxis einzulassen.

Du kannst dir dabei vorstellen, dass du dir ein Hündchen, einen süßen Welpen, angeschafft hast. Um dem kleinen Wesen Gehorsam beizubringen, bekommt es zur Belohnung immer wieder ein Leckerli aus der Hosentasche. Ein unruhiger, unaufmerksamer Geist ähnelt solch einem jungen Hündchen: Er zerrt an der Leine, möchte nicht bei Fuß gehen und steckt seine Nase überall hinein. Ein achtsamer Geist hingegen ist gelassen, ruhig und dennoch voller Freude und Lebendigkeit. Er hat gelernt, sich stets auf den gegenwärtigen Moment, auf das berühmte »Hier und Jetzt« auszurichten und jeden, wirklich jeden Augenblick des Lebens in vollen Zügen zu genießen.

Für diese Übung benötigst du zu Beginn zehn Nüsse oder Mandelkerne (später kannst du die Anzahl beliebig steigern) und eine deiner Hosen oder einen Rock mit zwei Taschen. Als ich vor vielen Jahren mit dieser Übung erstmals Bekanntschaft gemacht habe, habe ich Bonbons statt der Nüsse verwendet, aber das ist hinsichtlich eines verantwortlichen Zuckerkonsums nicht ratsam. Heute weiß ich das natürlich, damals stand ich aber noch am Anfang meiner »Karriere« als Achtsamkeitsköchin und freute mich ganz unschuldig jeden Abend auf meine zusätzliche Ration Süßigkeiten. Stecke dir nun morgens beim Ankleiden die Handvoll Nüsse in die linke Hosen- oder Rocktasche. Wenn du sie gut verstaut hast, besinnst du dich einen Moment lang auf deinen Atem und nimmst dir dabei gleichzeitig innerlich vor, dass du heute den ganzen Tag über versuchen wirst, deinen Geist immer wieder auf den gegenwärtigen Moment zu lenken – so, als würdest du dem kleinen Hündchen beibringen, brav bei Fuß zu gehen. Dabei ist es wichtig, dass du dein Hündchen, sprich deinen Geist, nicht auf Biegen und Brechen »zwingst«, bei Fuß zu gehen bzw. sich auf das »Hier und Jetzt« auszurichten. Du zerrst also im übertragenen Sinne nicht an der Leine, sondern lässt deinem Geist genügend Raum für Bewegung.

HAUPTSPEISEN

Während sich der Tag nun vor dir entfaltet und du deinen täglichen Verrichtungen nachgehst, wirst du bemerken, dass du immer wieder ganz von selbst an die morgendliche innere Ausrichtung, heute so oft wie möglich achtsam zu sein, denken wirst, weil sich dieses kurze Innehalten bereits in deinem Herzen verankert hat. Geschieht dieses spontane Erinnern, dann lenke deinen Geist sanft und ohne ihn zu drängen auf das gegenwärtige Tun: das Sitzen am Schreibtisch, das Rühren im Topf, den herzhaften Biss in einen Apfel, das Treten der Pedale auf dem Fahrrad, die immer gleichen Bewegungen und Handgriffe im Haus, bei der Körperpflege usw. Zwinge deinen Geist dabei nicht, über einen möglichst langen Zeitraum hinweg achtsam zu sein; ist er einmal für ein paar Sekunden »bei Fuß« gewesen, darf er auch wieder abschweifen. Wenn du diese Übung regelmäßig praktizierst, wird er sich nach und nach daran gewöhnen und ganz automatisch länger im »Hier und Jetzt« verweilen.

Jetzt kommen endlich auch die Nüsse ins Spiel: Für jeden achtsamen Moment wandert eine der Nüsse von der linken Hosentasche in die rechte, und wenn du abends deine rechte Hosentasche leerst, kannst du, bevor du die Nüsse zur Belohnung genüsslich verspeist, jeden einzelnen achtsamen Augenblick des vergangenen Tages noch einmal Revue passieren lassen.

TIPP: Statt der Nüsse kannst du auch getrocknete Bohnen oder kleine Kieselsteinchen verwenden – die kann man dann allerdings am Ende des Tages nicht vernaschen, dafür aber immer wieder neu verwenden!

»Dicker Hannes« (Norddeutscher Kartoffelauflauf vom »Friedenshof«) mit lauwarmem Apfelmus

HAUPTSPEISEN

Der Friedenshof, von dem dieses Rezept stammt, ist ein alter, reetgedeckter Bauernhof auf dem Land unweit von Hannover. Ich bin dort manchmal zu Gast, um Jan zu besuchen, einen lieben Freund, der schon seit vielen Jahren auf dem Hof lebt. Die kleine interreligiöse Gemeinschaft, die den Friedenshof bewirtschaftet, hat sich den Weltfrieden, im Großen wie im Kleinen, auf ihre Fahnen geschrieben – und das bedeutet eben auch einen achtsamen und sorgfältigen Umgang mit Mensch, Tier und den Früchten der Natur. Die Friedenshöfler bestellen einen großen, verwunschenen Garten auf dem Gelände des Haupthauses und bewirtschaften ein paar Weiden im Dorf, auf denen Schafe gehalten werden. Sie arbeiten – und kochen selbstverständlich! – mit großer Hingabe und Freude.

Als ich dort zum ersten Mal im Rahmen eines gemeinsamen Mittagessens den »Dicken Hannes« verkosten durfte, war es um mich geschehen: Ich aß vier große Portionen. Das war leider nicht sehr achtsam, und ich bekam schlimmes Bauchweh. Mein armer Magen konnte die großen Mengen an Kartoffeln und Apfelmus einfach nicht bewältigen. Dennoch denke ich heute noch gerne an jenes Mittagessen im Kreise dieser friedvollen Menschen zurück. Warum dieses Gericht allerdings »Dicker Hannes« heißt, konnten mir auch meine Freunde vom Friedenshof nicht sagen.

ZUBEREITUNGSZEIT:
insgesamt ca. 35 Minuten
Backzeit: ca. 40–45 Minuten

ZUTATEN
FÜR DEN DICKEN HANNES:
1,5 kg vorwiegend festkochende Kartoffeln, geschält und (roh!) grob geraspelt
200 g Sauerrahm
2 Eier (Größe L)
Salz und frisch gemahlener Pfeffer
Muskat
30 g Butter
1 Stange Lauch (ca. 350 g), vom Strunk befreit, gewaschen und in feine Ringe geschnitten

FÜR DAS APFELMUS:
etwas Wasser
1 kg säuerliche Äpfel (z. B. Elstar oder Topaz), geschält, vom Kerngehäuse befreit und in kleine Stücke geschnitten
1 Zimtstange
evtl. Zucker oder Zitronensaft (je nachdem, wie süß oder sauer die Äpfel sind)

AUSSERDEM:
1 Reibe, 1 große Schüssel, 1 beschichtete Pfanne, 1 große Auflaufform,
1 Topf, Pürierstab

ZUBEREITUNG:

Die grob geraspelten Kartoffeln in eine große Schüssel geben. Sauerrahm und Eier unterrühren und kräftig mit Salz und Pfeffer würzen. Mit Muskat abschmecken.

Den Backofen auf 200 Grad Ober-/Unterhitze oder 180 Grad Umluft vorheizen.

Die Butter in einer beschichteten Pfanne erhitzen, und die Lauchringe ca. 4–5 Minuten darin dünsten, bis sie weich sind. Mit Salz und Pfeffer abschmecken.

Den Boden einer großen Auflaufform gleichmäßig mit dem Lauch aus der Pfanne bedecken, dann mit der Kartoffelmasse auffüllen und glatt streichen. Im Backofen auf mittlerer Schiene ca. 40–45 Minuten backen, bis die Kartoffeln weich sind und der Auflauf eine goldgelbe Farbe angenommen hat.

Während der »Dicke Hannes« im Ofen ist, das Apfelmus zubereiten. Dafür in einen Topf etwas Wasser füllen – es sollte lediglich der Boden ein bisschen bedeckt sein – und die Apfelstücke und die Zimtstange dazugeben. Erhitzen und bei mittlerer Hitze und geschlossenem Deckel ca. 15 Minuten köcheln lassen, bis die Äpfel weich sind.

Den Topf vom Herd nehmen und die Zimtstange entfernen. Das Apfelmus leicht abkühlen lassen. Anschließend grob pürieren und eventuell mit Zucker, falls das Mus zu sauer ist – oder entsprechend mit Zitronensaft, falls es zu süß ist – abschmecken. Beiseitestellen, bis die Kartoffeln gar ist.

Den »Dicken Hannes« zusammen mit einer Portion Apfelmus auf flachen Tellern anrichten.

TIPP: Dazu passt frischer grüner Salat oder ein schlichter Rohkostsalat, beispielsweise aus Blaukraut und Karotten.

Stotter-Paul

Eines Tages meldete sich Paul zu meinem Kochkurs an. Paul war ein Mann mittleren Alters mit schütterem Haar und einem verletzlichen Blick, der darauf hindeutete, dass sein Körper eine schüchterne und sehr zarte Seele beherbergte. Schon bei der Begrüßungsrunde fiel auf, dass Paul außergewöhnlich stark stotterte. Er brachte kaum ein Wort flüssig über die Lippen, und so hatten wir den ganzen Kurs über große Schwierigkeiten, Paul zu verstehen.

Vor dem Dessert startete ich eine Phantasiereise zurück zum Lieblingsessen in der Kindheit – ein fester Bestandteil meiner Kurse –, und es wurde still in der Küche. Je tiefer sich alle rund um den Tisch in ihre Kindheit zurückfallen ließen, umso deutlicher konnte ich die bewegenden Gefühle, die sich ihren Weg an die Oberfläche bahnten, in den Gesichtszügen eines jeden Einzelnen erkennen. Manche meiner Gäste lächelten leise in sich hinein und strahlten regelrecht, andere Gesichter wurden weich und zart. Paul hingegen, der direkt zu meiner Rechten saß, liefen Tränen über die Wangen.

Nach dem Ende der Übung verweilten wir noch einen Moment in der Stille, dann begann die obligatorische Gesprächsrunde. Paul meldete sich als Letzter zu Wort. Ich spürte, wie sich mein Herz vor Sorge zusammenzog, und auch alle anderen am Tisch blickten voller Mitgefühl zu ihm hinüber.

Auf Pauls Stirn stand der Angstschweiß, doch als er zu sprechen begann, kamen die Worte fließend und ohne zu stocken über seine Lippen. Es war wie ein Wunder! Die Erinnerung an die Geborgenheit der Familie und an die Liebe seiner Mutter hatte bewirkt, dass sich Pauls Sprachfehler in Luft aufgelöst hatte!

Als Paul noch ein kleiner Junge war, gab es bei ihm zu Hause oft Dampfnudeln. Er und seine beiden Brüder liebten den Geruch von warmer Hefe, der schon vorab durchs Haus zog, ganz zu schweigen vom zartsüßen Geschmack der Dampfnudeln, die niemand auf der Welt besser zubereiten konnte als seine Mama. Dazu gab es immer Gurkensalat, eine Kombination, die heute längst vergessen ist – wir kennen die Dampfnudel meist als Nachspeise, serviert mit Vanillesoße –, die früher aber vor allem im bayerischen Voralpenland bei vielen Bauern gang und gäbe war. Der kleine Paul tunkte seine Dampfnudelstücke immer so lange in die Salatsoße, bis sie ganz vollgesogen waren – und seine Mutter, froh über den gesunden Appetit ihres Sohnes, schaute ihm dabei liebevoll zu.

Das alles erzählte uns der erwachsene Paul, ohne auch nur ein einziges Mal zu stottern, und dabei leuchtete sein Gesicht vor Glück. Er konnte es selbst kaum fassen. Nachdem er geendet hatte, hielt uns nichts mehr auf den Stühlen. Wir umarmten Paul und feierten unter Lachen und Weinen seine Mama, die Dampfnudeln und seine erste »freie Rede« seit vielen Jahren.

Ein paar Tage später schrieb er mir eine bewegende E-Mail. Das Stottern war zurückgekommen, aber die Erinnerung an diesen glücklichen, sprachbarrierefreien Moment nach der Phantasiereise lässt ihn voller Hoffnung und mit neuer Zuversicht in die Zukunft blicken.

Lächle deinem Herzen zu.

Notiere hier dein persönliches Lieblingsgericht aus der Kindheit. Vergegenwärtige dir beim Erinnern so viele Details wie möglich: Wie hat das Essen gerochen? Welche schönen Erinnerungen verknüpfst du damit? Wie hat es ausgesehen, und zu welchen Gelegenheiten hast du es gegessen?
Verbinde dich dadurch wieder mit der Liebe deiner Mutter oder vielleicht deiner Großmutter, die dieses Essen damals für dich zubereitet hat.

MEIN LIEBLINGSGERICHT AUS KINDERTAGEN:

Orientalische Karotten mit Orangenöl, Datteln, Minze und Granatapfeljoghurt
(ohne Dip vegan)

Die Idee zu diesem Gericht entstand eigentlich aus der Not heraus – meine Vorratsschränke waren leer, und ich hatte Hunger – und zeigt somit super, worauf es, neben dem fokussierten und sorgfältigen Arbeiten, in der achtsamen Küche ebenfalls ankommt: Wir versuchen das, was gerade in diesem Moment vorhanden ist, wertzuschätzen und zu etwas Köstlichem zu verarbeiten.

Manche Achtsamkeitslehrer bzw. -köche, wie der amerikanische Zenkoch Bernie Glassman, der mit seiner mobilen Garküche Obdachlose in New York mit warmen Mahlzeiten versorgt, vergleichen die Gewürze und Lebensmittel in unseren heimischen Vorratsschränken gerne mit den unterschiedlichen menschlichen Gefühlen. Einige von ihnen, wie die Süße von Zucker, Honig oder Schokolade, mögen wir gerne, und wir kochen und backen auch häufig damit. Aber das Leben besteht, genau wie unsere Ernährung, eben nicht nur aus süßen Momenten. Wir erleben in unserem Dasein als Menschen auch weniger »wohlschmeckende« Stunden und weinen manchmal salzige Tränen. Wir erfahren die scharfe Hitze von Wut und Ärger, die uns wie Chili, Ingwer oder Pfeffer gehörig einheizen kann, und wir kosten vom bitteren Kelch der Trauer. All diese »Geschmacksrichtungen« machen die Würze des Lebens aus und bilden zusammen ein buntes, sich stets änderndes Kaleidoskop unserer Gefühlswelt. Für die erfolgreiche Zubereitung von ausgewogenen Mahlzeiten sind die unterschiedlichen Geschmackseigenschaften und Konsistenzen von Zutaten und das geschickte Einsetzen ihres jeweiligen »Charakters« das A und O – und aus genau diesem Grund sollen wir als achtsame Köche kein Gewürz und kein Nahrungsmittel geringer oder höher schätzen als das andere. Alles hat seine Berechtigung und wartet im Schrank geduldig auf seinen Einsatz, um einem Gericht Würze zu verleihen und es dadurch zu etwas Besonderem zu machen.

Für das nun folgende Rezept haben auf mich ein Päckchen Orangenabrieb, den man eigentlich fürs Backen verwendet, eine angebrochene Tüte mit getrockneten Datteln im Küchenschrank, ein paar traurige Karotten im Gemüsefach meines Kühlschranks und eine Dose mit ökologischer Orangen-Möbelpolitur im Regal gewartet. Ja, du hast richtig gelesen: Möbelpolitur! Was es damit auf sich hat, wirst du gleich erfahren. Lass dich überraschen!
Du kannst die Karotten übrigens als Hauptgericht für vier Personen servieren, sie eignen sich aber auch prima als kreativer Beitrag für ein Party-Büfett.

ZUBEREITUNGSZEIT:
insgesamt ca. 20 Minuten

BACKZEIT:
ca. 30 Minuten

KÜHLZEIT FÜR DEN JOGHURT:
ca. 30 Minuten

ZUTATEN
FÜR DIE KAROTTEN:
1 kg Karotten, geschält und in längliche Stücke geschnitten
1 frische rote Chilischote, gewaschen, von Stiel und Kernen befreit und der Länge nach halbiert
3–4 EL Olivenöl
200 g getrocknete Datteln, der Länge nach halbiert
2 TL getrocknete und geriebene Orangenschale (entspricht 1 Päckchen; bekommst du in der Backwarenabteilung deines Supermarkts)
2–3 Tropfen reines Orangenöl (siehe Kasten)
1 TL gemahlener Kreuzkümmel
½ TL Kurkuma
Salz und frisch gemahlener Pfeffer
ca. 20 frische Minzeblätter, gewaschen

FÜR DEN GRANATAPFELJOGHURT:
300 g Naturjoghurt
Kerne und Saft von 1 Granatapfel
½ TL gemahlener Kreuzkümmel
1 Prise Zimtpulver
Salz

AUSSERDEM:
1 kleine und 2 große Schüsseln, 1 Backblech, Backpapier

ZUBEREITUNG:
Den Backofen auf 220 Grad Ober-/Unterhitze oder 200 Umluft vorheizen.
Karotten und Chilischoten in eine große Schüssel geben und mit Olivenöl gründlich vermischen – das geht am besten mit den Händen (vorher waschen!).
Ein Backblech mit Backpapier auslegen und den Inhalt der Schüssel gleichmäßig darauf verteilen.
Auf mittlerer Schiene ca. 30 Minuten backen, bis die Karotten weich sind. Aus dem Ofen nehmen und abkühlen lassen.
Während die Karotten im Ofen sind, den Dip zubereiten: Dazu den Naturjoghurt in eine kleine Schüssel geben und mit Granatapfelkernen und -saft gut vermischen. Kreuzkümmel und Zimt dazugeben und das Ganze mit Salz abschmecken. Die Schüssel abdecken und vorübergehend (ca. 30 Minuten) im Kühlschrank kühl stellen.
Die noch lauwarmen Karotten in eine große Schüssel geben; Chilischoten entfernen. Datteln, Orangenabrieb, Orangenöl, Kreuzkümmel und Kurkuma dazugeben und vermischen. Mit Salz und Pfeffer abschmecken. Zum Schluss mit den Minzeblättchen garnieren.
Zum Anrichten die Karotten portionsweise auf flache Teller geben und zusammen mit dem Granatapfeljoghurt servieren.

TIPP: Dazu passt frisches Fladenbrot.

Reines ätherisches Orangenöl ohne jegliche Zusatzstoffe bekommst du am besten im Baumarkt. Es wird gerne als Möbelpolitur für antike Möbel verwendet, aber von einem erfahrenen Profikoch weiß ich, dass es oft auch Verwendung in der gehobenen Gastronomie findet. Das Öl ist so hoch konzentriert, dass ein paar Tropfen meist ausreichen, um einem Gericht eine charakteristische Zitrusnote zu verleihen. Falls dir das Orangenöl aus dem Baumarkt doch zu unheimlich ist, kannst du auch auf ätherisches Orangenöl aus einem gut sortierten Esoterik-Laden (bei den Duftölen!) zurückgreifen.

Gefüllte Spinat-Feta-Pfannkuchen mit Tomaten-Schokoladen-Soße

Schokolade in der Tomatensoße? Ja, das geht – und schmeckt auch noch richtig lecker! Als ich mich vor sieben Jahren dazu entschloss, meinen ursprünglichen Beruf als Buchhändlerin an den Nagel zu hängen, um fortan als Zenköchin und Buchautorin mein tägliches Brot zu verdienen, verschlug es mich, wie bereits mehrfach erwähnt, für ein Vierteljahr nach Kalifornien. Dort arbeitete ich zunächst vier Wochen während eines Meditationskurses – schweigend! – in der Küche des Meditationszentrums Spirit Rock. Ich wollte das achtsame Kochen von der Pike auf lernen, und das kann man in Amerika ziemlich gut.

Grundvoraussetzung in solch einem Zentrum oder Kloster ist, dass alle Arbeiten schweigend erledigt werden und dass man nebenher auch noch viele Stunden meditierend in der großen Meditationshalle verbringt. Im Schweigen zu arbeiten ist anfangs eine große Herausforderung, denn üblicherweise sind wir es gewohnt, während der täglichen Verrichtungen, wie Kochen, Putzen und den Tätigkeiten im Beruf, zu reden und zu kommunizieren – und sei es »nur« in Gedanken. In einem Meditationszentrum ist das anders. Dort wird man angehalten, sich ausschließlich auf die jeweilige Arbeit zu konzentrieren, ohne sich mit den anderen auszutauschen. Gibt es etwas Wichtiges zu klären, notiert man dies auf einem Zettel und legt die Notiz der entsprechenden Person vor. Dadurch reduziert sich die Kommunikation sehr schnell auf das Wesentliche, denn im hektischen Küchenalltag hat niemand Zeit für lange Briefe. Zudem beginnt sich das Gedankenkarussell im Kopf – durch das achtsame Fokussieren auf die einzelnen Arbeitsschritte – immer langsamer zu drehen. Es wird herrlich still da oben.

Nach meiner Zeit in Spirit Rock »heuerte« ich in Green Gulch, einem Zenkloster nahe San Francisco an. Auch dort wurde ausschließlich im Schweigen gekocht, aber das war ich ja mittlerweile gewohnt. In Green Gulch stieß ich dann auch auf die Tomatensoße mit Schokolade. Eine der Nonnen, die regelmäßig mit mir am Herd stand, hatte das Rezept aus Mexiko, ihrer Heimat, mitgebracht. Da wir nicht miteinander reden durften, schaute ich ihr immer ganz genau über die Schulter, wenn sie diese Soße in einem großen Topf für mitunter hundert Leute zubereitete.

Das nun folgende Rezept ist aber, wie alle Gerichte in diesem Buch, lediglich auf vier Personen ausgerichtet – keine Bange! Ich habe mir dazu gefüllte Pfannkuchen ausgedacht; Spinat und Feta passen geschmacklich wirklich prima dazu. In Green Gulch servierten wir gebratene Maiskolben zur Soße, dazu gab es dann noch eine klassische Guacamole aus Avocado, Knoblauch und Limettensaft und einen frischen Sauerrahm-Dip.

Mit unserer Kreativität formen wir die Welt.

HAUPTSPEISEN

ZUBEREITUNGSZEIT:
insgesamt ca. 40 Minuten

BACKZEIT:
ca. 20 Minuten

**ZUTATEN
FÜR DEN PFANNKUCHENTEIG**
(ergibt ca. 6 Stück):
150 g Weizenmehl, Type 405
250 ml Wasser
2 Eier (Größe L)
1 Prise Salz
80 g geriebener Emmentaler

FÜR DIE FÜLLUNG:
ca. 20 g Butter
1 kleine Zwiebel, geschält und
fein geschnitten
1 Knoblauchzehe, geschält und
fein geschnitten
1 kg TK-Blattspinat, aufgetaut und in einem
Sieb gut abgetropft (mit gewaschenen
Händen zusätzlich gut ausdrücken, damit der
Spinat so wenig Wasser wie möglich enthält)
1 Prise Muskat
1 Msp. Cayennepfeffer
½ TL Instant-Bio-Gemüsebrühe
150 g Feta, fein zerbröselt
Salz und frisch gemahlener Pfeffer

FÜR DIE SOSSE:
2 EL Olivenöl
1 kleine Zwiebel, geschält und
fein geschnitten
1 Knoblauchzehe, geschält und
fein geschnitten
1 frische rote Chilischote, gewaschen, vom
Stiel (und evtl. von den Kernen, je nachdem,
wie scharf du es haben möchtest) befreit
1 EL Tomatenmark
1 Dose gestückelte Tomaten à 400 g
½ TL getrockneter Oregano
2 getrocknete Lorbeerblätter
1 Rippe (ca. 30 g) dunkle Zartbitterschokolade, mindestens 70 % Kakaoanteil
Salz und frisch gemahlener Pfeffer

AUSSERDEM:
1 Schüssel, 1 kleine beschichtete Pfanne und
ausreichend Butter zum Backen der Pfannkuchen, Schöpfkelle, 1 Teller, 2 Töpfe,
1 kleine Auflaufform fürs Überbacken im Ofen

ZUBEREITUNG:

Zuerst die Pfannkuchen zubereiten: Alle Zutaten für den Teig, außer dem Käse, in eine Schüssel geben und gut miteinander vermengen, bis ein zähflüssiger Teig entsteht. Beiseitestellen und ca. 15 Minuten ruhen lassen.

Zum Backen der Pfannkuchen ausreichend Butter in einer kleinen beschichteten Pfanne erhitzen. Mit Hilfe einer Schöpfkelle den Teig so portionieren, dass jeweils ein dünner Pfannkuchen entsteht. Den Teig in die Pfanne geben, ausschwenken und auf beiden Seiten goldbraun backen. Den fertigen Pfannkuchen auf einen bereitgestellten Teller legen. So weiter verfahren, bis der Teig aufgebraucht ist. Die fertigen Pfannkuchen beiseitestellen und bis zur Weiterverarbeitung abkühlen lassen.

Für die Füllung die Butter in einem ausreichend großen Topf erhitzen und Zwiebeln und Knoblauch darin glasig dünsten. Die Hitze reduzieren und den Spinat dazugeben, bei offenem Deckel und unter gelegentlichem Umrühren ca. 5 Minuten dünsten. Anschließend Muskat, Cayennepfeffer und gekörnte Gemüsebrühe dazugeben und unterrühren.

Den Topf vom Herd nehmen und den Feta unterrühren. Bei geschlossenem Deckel weitere 5 Minuten ziehen lassen. Mit Salz und Pfeffer abschmecken und anschließend mit geöffnetem Deckel zum Abkühlen ca. 15 Minuten beiseitestellen.

Den Backofen auf 200 Grad Ober-/Unterhitze bzw. 180 Grad Umluft vorheizen.

Die einzelnen Pfannkuchen großzügig mit der Spinat-Feta-Masse belegen und zu dicken Rollen drehen. Die Rollen in eine bereitgestellte kleine Auflaufform schichten und gleichmäßig mit dem Emmentaler bestreuen. Im Backrohr auf mittlerer Schiene ca. 20 Minuten backen, bis der Käse sich leicht goldbraun verfärbt.

Während die Pfannkuchen im Ofen sind, die Soße zubereiten: Das Olivenöl in einem Topf erhitzen, Zwiebeln und Knoblauch dazugeben und glasig dünsten. Chilischote dazugeben und kurz mitdünsten.

Die Hitze auf mittlere Flamme reduzieren, das Tomatenmark dazugeben und rasch unterrühren. Dann die gestückelten Tomaten hinzufügen und einrühren. Oregano und Lorbeerblätter dazugeben und die Soße bei geschlossenem Deckel auf kleiner Flamme ca. 10 Minuten köcheln lassen.

Die Soße vom Herd nehmen, dann erst die Schokolade – in Stücke gebrochen – dazugeben und unterrühren. (Gibst du die Schokolade bereits während des Kochvorgangs dazu, wird das Ganze leicht bitter – schmeckt auch nicht schlecht, mag aber nicht jeder.) Abschließend mit Salz und Pfeffer abschmecken.

Zum Servieren die gefüllten Pfannkuchen portionsweise auf flache Teller geben und mit Tomaten-Schokoladen-Soße übergießen.

In dem kleinen Münchner Café, in dem ich regelmäßig koche, dekorieren wir unsere Gerichte grundsätzlich mit einem Rosenblatt. Es soll die »Prise Liebe« symbolisieren, die jedem guten Essen zugrunde liegt. Ich habe, wie du auf dem Foto siehst, eine kleine Cosmea von meinem Balkon als »Liebe« für die Pfannkuchen gewählt.

Süßkartoffel-Kokos-Gratin mit gebratenen Austernpilzen und gebackenen Feta-Pflaumen

Achtsamkeit bedeutet auch, dass wir den Mut entwickeln, uns auf Neues einzulassen – eben auf das, was uns der gegenwärtige Moment gerade präsentiert, egal, ob uns das persönlich nun gefällt oder nicht. Wenn der Geist auf diese Weise lernt, sich dem Neuen und Ungewohnten vorbehaltlos hinzugeben, dann wird auch ein größerer Freiraum für Kreativität geschaffen.
Dieses Rezept klingt auf den ersten Blick sehr exotisch, aber es entstand eines Tages aus genau diesem Freiraum der Kreativität heraus. Natürlich hatte ich vorab Angst, dass die Zusammensetzung der Zutaten nicht funktionieren würde, aber ich wagte es trotzdem und servierte das Gericht unseren Gästen in dem kleinen Café, in dem ich regelmäßig koche. Es wurde ein durchschlagender Erfolg.
Fazit: Wage es hin und wieder, deine Koch-Komfortzone zu verlassen, und kreiere ein vollkommen neues, verrücktes Rezept!

ZUBEREITUNGSZEIT:
insgesamt ca. 1 Stunde

BACKZEIT FÜR DAS GRATIN:
ca. 50 Minuten

BACKZEIT FÜR DIE PFLAUMEN:
ca. 10 Minuten

ZUTATEN
FÜR DAS GRATIN:
1 kg Süßkartoffeln, geschält und in feine Scheiben gehobelt
1 Dose Kokosmilch à 400 ml
100 ml Wasser
½ TL Kurkuma
1 TL Garam Masala
1 Msp. getrocknete Chiliflocken
Salz

FÜR DIE FETA-PFLAUMEN:
2 Pflaumen (wahlweise 4 Zwetschgen oder, je nach Jahreszeit, 2 Pfirsiche oder 2 Nektarinen), gewaschen, von den Steinen befreit und in Spalten geschnitten
50 g Feta
frisch gemahlener Pfeffer

FÜR DIE AUSTERNPILZE:
20 g Butter
600 g Austernpilze, geputzt und der Länge nach in Streifen gerissen
1 Knoblauchzehe, geschält und fein geschnitten
4–5 frische Salbeiblätter, gewaschen und trocken getupft

AUSSERDEM:
Gurkenhobel, 1 große Auflauf- oder Tarteform, 1 Schüssel, 1 Backblech, Backpapier, 1 große beschichtete Pfanne

ZUBEREITUNG:
Den Backofen auf 200 Grad Ober-/Unterhitze oder 180 Grad Umluft vorheizen.
Die gehobelten Süßkartoffeln gleichmäßig in einer großen Auflauf- oder Tarteform verteilen.
Kokosmilch und Wasser in eine Schüssel geben. Kurkuma, Garam Masala und Chiliflocken unterrühren und mit Salz abschmecken. Gleichmäßig über die Süßkartoffeln gießen. Auf mittlerer Schiene ca. 50 Minuten im Ofen backen, bis die Süßkartoffeln butterweich sind.
Währenddessen ein Backblech mit Backpapier auslegen und die Pflaumenspalten darauf verteilen. Den Feta gleichmäßig über die Pflaumen krümeln. Abschließend pfeffern und beiseitestellen.
Das fertige Gratin aus dem Ofen nehmen und abdecken, damit es warm bleibt (ich lege immer ein großes, hölzernes Schneidebrett darüber).
Die Pflaumen im noch heißen Ofen auf mittlerer Schiene – bei gleicher Temperatur – ca. 10 Minuten backen, bis der Feta eine goldene Farbe annimmt.
Währenddessen Butter für die Austernpilze in einer großen beschichteten Pfanne erhitzen, die Pilze dazugeben und scharf anbraten. Hin und wieder umrühren, damit die Pilze von allen Seiten schön knusprig werden. Erst gegen Ende Knoblauch und Salbeiblätter dazugeben und ca. 1 Minute mit anbraten.
Alles zusammen auf großen Tellern anrichten und zum Beispiel mit dem Babyspinat-Apfel-Salat (S. 56) servieren.

Der Zenmeister und das Reiskorn

Es lebte einmal ein berühmter Abt in einem Zenkloster, der für den hohen Grad an Erleuchtung, den dieser bereits verwirklicht hatte, weit über die Landesgrenzen hinaus bekannt war. Von überallher kamen deshalb Jahr für Jahr junge Männer und Frauen, um sich als Mönche und Nonnen unter die Fittiche des Meisters zu begeben, in der Hoffnung, ebenfalls Befreiung von allem irdischen Leid zu erlangen.

Der Abt war darauf bedacht, seinen Schülern und Schülerinnen stets ein gutes Vorbild zu sein; er hielt sich also peinlichst genau an die Regeln im Kloster, und so machte er, begleitet von ein paar Novizen, jeden Morgen im vollen Ornat eine traditionelle »Segnungs-Runde« durch das gesamte Klostergebäude. Seine Begleiter hielten dabei glimmende Räucherstäbchen in den Händen, während sie eifrig versuchten, mit der Gehgeschwindigkeit ihres Meisters – Zenmeister gehen traditionell immer recht schnell – Schritt zu halten. Auf seinem Rundgang kam die Prozession auch jedes Mal in die Küche des Klosters, und während der Abt in wohlklingendem Singsang Gebete und Segnungen aussprach, verneigten sich der Tenzo, sprich das Küchenoberhaupt, und seine Gehilfen ehrfürchtig und mit sittsam gefalteten Händen vor ihrem Lehrer.

Eines Morgens kam es jedoch zu einem bedeutsamen Zwischenfall. Der Abt und sein Gefolge waren bereits wieder dabei, die Küche zu verlassen, als der Meister einen alten Mönch in der Ecke sitzen sah, der keinerlei Notiz von seinen Segnungen genommen hatte. Still saß er auf der bloßen Erde, vor sich einen flachen Bambuskorb, dessen Boden mit Reiskörnern bedeckt war, aus denen er geschickt und mit großer Sorgfalt kleine Steinchen und Dreckpartikel aussortierte. Dabei strich er immer wieder liebevoll mit seinen großen Händen, die den ehemaligen Bauern, der er vor seinem Eintritt in das Kloster gewesen war, immer noch verrieten, über den Reis im Korb. Ganz in seine Arbeit vertieft, bemerkte der Mönch nicht, wie sich ihm plötzlich der Abt wutentbrannt näherte.

»Steh auf, du Narr«, rief der Meister zornig, »und verbeuge dich vor deinem Herrn! Hast du denn keinen Respekt vor mir und vor den Lehren des Buddha, die ich hier in diesem Kloster repräsentiere? Ich werde dich diesen Respekt lehren, du ungehobelter Bauer!« Mit diesen Worten holte der Abt aus, um dem immer noch auf dem Boden kauernden Mann eine gehörige Kopfnuss zu verpassen.

Da hob der alte Mönch seinen Blick, und alle Umstehenden konnten erkennen, dass keinerlei Furcht darin lag. Mit ruhiger Hand hielt er ein einzelnes Reiskorn in die Höhe. »Ich verbeuge mich jeden Tag vor dir und den Lehren des Buddha, mein Meister«, sagte er mit leiser Stimme, »denn ich habe erkannt, dass selbst in diesem kleinen Reiskorn die Weisheit des Buddha und der ganzen Welt vorhanden ist. Und indem ich sorgfältig damit umgehe, verbeuge ich mich vor dem Leben an sich und vor dem unendlichen Wissen und der unermesslichen Güte aller verstorbenen und lebenden Lehrer – also auch vor dir!«

Nach diesen Worten wurde es so still in der Küche, dass man die Vögel draußen in den Baumwipfeln zwitschern hörte. Der Abt blickte fassungslos zu dem Mann am Boden hinunter, den Arm immer noch zum Schlag erhoben. Dann ging er langsam in die Knie, um sich nun seinerseits mit Tränen in den Augen vor seinem Mitbruder zu verbeugen.

»Segne mich«, flüsterte er leise, und mit einer unendlich zärtlichen Geste legte ihm der einfache Mönch seine schwielige Hand auf den kahlgeschorenen Kopf. Dann drückte er dem Abt das kleine Reiskorn in die Hand und sagte: »Jetzt steh auf und bringe deine Runde zu Ende, ich muss weiter meinen Reis sortieren.«

Halte deine Küche sauber, dann bleibt auch dein Geist klar.

Kartoffel-Brunnenkresse-Strudel mit Weißwein-Senf-Sahnesoße und Shoyu-Kernen

Wir sollten im Idealfall alle Nahrungsmittel, die uns die Natur schenkt, genauso ehren wie unser Mönch in der vorangegangenen Geschichte seine Reiskörner. Vielleicht magst du daran denken, wenn du dich gleich daranmachst, diesen leckeren Strudel zuzubereiten, denn egal, ob Reiskorn oder Kartoffel, wir sind von den Gaben der Erde und unseres Planeten abhängig und können ohne sie nicht existieren.

Achtsamkeit schließt nichts aus, und sie verurteilt auch nichts und niemanden. Selbst wenn wir uns persönlich vielleicht vegan, vegetarisch oder in irgendeiner Weise abstinent ernähren, versuchen wir mit Hilfe der Achtsamkeitspraxis ein offenes, vorurteilsfreies Herz für andere Lebensweisen zu bewahren oder zu entwickeln. Dieses Rezept ist zwar fleischlos, aber es enthält mehr Fett als die meisten anderen Rezepte in diesem Buch – und sogar ein bisschen Alkohol. Vielleicht eine gute Gelegenheit, dein eigenes Herz in Offenheit und Vorurteilslosigkeit zu trainieren.

In vielen buddhistischen Traditionen und auch manch anderen religiösen Gemeinschaften wird auf Alkohol verzichtet. Viele Seminarhäuser, in denen ich koche, legen Wert auf eine leichte, fleischlose Küche und verzichten strikt auf jede Form von berauschenden Mitteln und Lebensmitteln, andere wiederum möchten lieber fettreich bekocht werden und sind einem Glas Bier oder Wein am Abend nicht abgeneigt. Koche ich für »Tibeter«, also für Meditationskurse, deren Basis der tibetische Buddhismus ist, dann sind Fleisch, Fett, meist in Form von viel Butter und Sahne, und Alkohol – natürlich in Maßen – ausdrücklich erwünscht. In dieser Tradition geht man davon aus, dass der Geist durch »schwere« Nahrung geerdet werden muss. Zudem werden dort auch körperlich anstrengende Übungen praktiziert. Die Yogis und Yoginis brauchen also kräftigende Mahlzeiten, um fit zu bleiben. Anfangs fand ich diese Form der Ernährung während einer Zeit der meditativen Innenschau befremdlich, doch dann besann ich mich auf den Hauptaspekt meiner eigenen Praxis, nämlich andere so sein zu lassen, wie sie sind – oder es zumindest jeden Tag aufs Neue zu versuchen. Mittlerweile macht es mir große Freude und es ist mir eine Ehre, diese Menschen durch deftige Nahrung in ihrer anstrengenden Praxis zu unterstützen, denn sie haben das gleiche Ziel wie ich: ein achtsames und vorurteilsfreies Leben zu führen und dadurch immer mitfühlender und freundlicher im Umgang mit anderen zu werden.

ZUBEREITUNGSZEIT:
ca. 45 Minuten

BACKZEIT:
ca. 40 Minuten

ZUTATEN
FÜR DEN STRUDELTEIG:
150 g Weizenmehl, Type 405 (wahlweise Dinkelmehl, Type 630)
1 kleines Ei
½ TL Obstessig
1 Prise Salz
30 g zerlassene Butter
ca. 30 ml warmes Wasser
evtl. zusätzliches Mehl, falls der Teig zu klebrig wird, und zum Bestäuben der Arbeitsfläche
Öl (z. B. Sonnenblumen- oder Olivenöl) zum Bestreichen des Teigballs und der Innenfläche des Strudels
1 Eidotter und 1 EL Sahne zum Einpinseln der Strudeloberfläche

FÜR DIE FÜLLUNG:
1 kg festkochende Kartoffeln, am Vortag mit der Schale gekocht
1 Bund Brunnenkresse (wahlweise Petersilie), gewaschen und fein gehackt
½ TL Kurkuma
1 Prise Muskat
1 Prise Cayennepfeffer
Salz und frisch gemahlener Pfeffer

FÜR DIE SOSSE:
30 g Butter
1 gehäufter EL Weizenmehl, Type 405
ca. ⅛ l Weißwein
100 ml Gemüsebrühe
Zesten und Saft von 1 unbehandelten Orange (Schale vorab unter fließend heißem Wasser abwaschen)
2 gehäufte EL körniger Senf
300 ml Vollmilch
200 g Sahne
Salz und frisch gemahlener Pfeffer

FÜR DIE SHOYU-KERNE:
ca. 50 g Sonnenblumen- oder Kürbiskerne (du kannst auch gleich mehr zubereiten; Shoyu-Kerne sind ein gesunder Knabberspaß)
1 EL Sojasoße

AUSSERDEM:
1 kleine und 2 große Schüsseln, Backpinsel, Nudelholz, 1 gemustertes Geschirrtuch, Backpapier, 1 große Auflaufform oder Backblech, 1 mittelgroßer Topf, Schneebesen, 1 kleine beschichtete Pfanne

ZUBEREITUNG:

Zuerst den Teig vorbereiten. Dazu Mehl, Ei, Obstessig, Salz, Butter und Wasser in einer Schüssel miteinander vermischen und zu einem glatten, geschmeidigen Teigball kneten. Gegebenenfalls noch Mehl dazugeben, falls der Teig zu sehr an den Händen klebt. Die Teigoberfläche mit Öl bestreichen und unter einer mit heißem Wasser ausgeschwenkten Schüssel ca. 20 Minuten ruhen lassen.

Währenddessen die Füllung vorbereiten. Dazu die Kartoffeln pellen und in dünne Scheiben schneiden. In eine große Schüssel geben und mit einer Gabel – oder mit gewaschenen Händen – grob zerdrücken. Brunnenkresse, Kurkuma, Muskat und Cayennepfeffer unterrühren. Mit Salz und frisch gemahlenem Pfeffer abschmecken.

Den Teig auf einer mit Mehl bestäubten Arbeitsfläche dünn ausrollen und zum Schluss mit den Händen noch weiter auszuziehen. Er sollte so dünn sein, dass das Muster eines Geschirrhandtuchs durch die Teigmembran gut sichtbar ist.

Den Backofen auf 200 Grad Ober-/Unterhitze oder 180 Grad Umluft vorheizen.

Den ausgezogenen Strudelteig in die mit Backpapier ausgelegte Auflaufform legen und mit Öl bestreichen. Erst danach die Füllung gleichmäßig auf dem Teig verteilen und dann zuklappen.

Eidotter und Sahne in einer kleinen Schüssel verrühren und die Strudeloberfläche damit gleichmäßig einpinseln. Auf mittlerer Schiene ca. 40 Minuten im Ofen backen, bis der Teig eine goldbraune Frage angenommen hat.

Während der Strudel im Ofen ist, die Soße zubereiten. Dazu die Butter in einem Topf erhitzen, bis sie Blasen wirft. Das Mehl dazugeben und mit dem Schneebesen zügig verrühren, bis sich Butter und Mehl zu einer goldgelben Masse verbunden haben. Die Masse unter ständigem Rühren mit Weißwein und Gemüsebrühe ablöschen. Orangensaft und -zesten zugeben und unterrühren und ca. 2–3 Minuten auf kleiner Flamme köcheln lassen. Dabei ständig weiterrühren. Anschließend den Senf dazugeben und das Ganze mit Milch und Sahne aufgießen. Kurz aufkochen lassen.

Den Topf vom Herd nehmen und die Soße mit Salz und frisch gemahlenem Pfeffer abschmecken. Kurz beiseitestellen.

Für die Shoyu-Kerne eine kleine beschichtete Pfanne trocken, also ohne Inhalt, auf dem Herd erhitzen. Kürbis- oder Sonnenblumenkerne dazugeben und unter Schwenken anrösten, bis die Kerne eine leicht bräunliche Farbe angenommen haben. Anschließend die Pfanne vom Herd nehmen und die Kerne mit der Sojasoße ablöschen, dabei umrühren, damit sich die Sojasoße gleichmäßig verteilen kann.

Zum Servieren Strudel und Soße portionsweise auf vorbereitete Teller geben und Shoyu-Kerne darüberstreuen. Eventuell mit ein paar frischen Brunnenkresseblättern garnieren.

Dazu passt grüner Salat.

TIPP: Du kannst statt des selbstgemachten Strudelteigs auch gekauften Blätterteig verwenden (siehe Foto S. 92).

Pecorino-Mürbeteig-Tartelettes mit Trauben, Balsamico-Zwiebeln, Ziegenkäse und indischem Gurken-Raita

Dieses Gericht ist einer meiner Kochkurs-Klassiker und auch deswegen so beliebt, weil dabei eine alte, bei vielen längst vergessene Backtechnik neu erlernt wird: das sogenannte »Blindbacken«.

Das »Blindbacken« benötigt mehrere Arbeitsschritte. Die kleinen Tartelettes schmecken also nicht nur köstlich, sie lehren uns durch die längere Zubereitungszeit auch einen weiteren, wichtigen Aspekt der Achtsamkeitspraxis: die Geduld. Unser konditionierter Geist ist nämlich, wenn wir ihn genauer beobachten, äußerst ungeduldig und sprunghaft; es fällt ihm in der Regel schwer, Kontrolle abzugeben und den Dingen ihren natürlichen Lauf zu lassen. Beim »Blindbacken« bekommt er die Chance, sich in geduldiger Vorfreude zu üben.

Achtung: Der Mürbeteig muss vor dem Backen mindestens 1 Stunde, das Gurken-Raita 30 Minuten gekühlt werden, diese Zeit musst du mit einberechnen!

ZUBEREITUNGSZEIT:
ca. 30 Minuten

KÜHLZEITEN:
insgesamt ca. 1 Stunde 30 Minuten

BACKZEITEN:
insgesamt ca. 40 Minuten

ZUTATEN
FÜR DEN TEIG
(ergibt 4 kleine Tartelettes):
150 g Weizenmehl, Type 405
1 Msp. Backpulver
ca. 50 g Pecorino, gerieben
½ TL Salz
1 Prise Zucker
1 Ei (Größe L)
100 g kalte Butter, in Flöckchen

FÜR DIE FÜLLUNG:
ca. 40 g Butter
10–15 Trauben, gewaschen und halbiert
1 kleine rote Zwiebel, geschält und in feine Ringe geschnitten
2 EL Balsamicoessig
2 Eier (Größe L)
100 g Sahne
Salz und frisch gemahlener Pfeffer
ca. 100 g Ziegenfrischkäse

FÜR DAS GURKEN-RAITA:
150 g Naturjoghurt
1 große Salatgurke, ungeschält, gewaschen, von den Kernen befreit und in kleine Würfelchen geschnitten
1 TL gemahlener Kreuzkümmel
1 Prise Salz
2 EL Öl (z. B. Sonnenblumen- oder Olivenöl)
2 EL Senfsamen

AUSSERDEM:
1 kleine, 1 mittelgroße und 1 große Schüssel, 4 kleine Tartletteförmchen mit 10 cm Durchmesser (oder eine Tarteform mit 26 cm Durchmesser), weiche Butter und Mehl für die Förmchen, Frischhaltefolie, 3 kleine beschichtete Pfannen, Backpapier, 500 g getrocknete Hülsenfrüchte (z. B. Linsen)

ZUBEREITUNG:

Für den Teig Mehl, Backpulver, Pecorino, Salz und Zucker in eine Schüssel geben und vermengen. Das Ei trennen (das Eiweiß beiseitestellen) und das Eigelb und die Butter zum Teig geben. Alles miteinander rasch zu einem glatten Teig verarbeiten.

Die Tarteletteförmchen buttern, dann mit Mehl ausstäuben und portionsweise mit Mürbeteig gleichmäßig auskleiden. Mit Frischhaltefolie einzeln abdecken und anschließend alle Förmchen für mindestens 1 Stunde in den Kühlschrank geben.

Währenddessen die Füllung zubereiten: 20 Gramm Butter in einer beschichteten Pfanne erhitzen und die Trauben dazugeben. Etwa 3–4 Minuten unter Rühren andünsten, bis das Obst weich, aber immer noch bissfest ist. Beiseitestellen.

In einer weiteren Pfanne wiederum 20 Gramm Butter erhitzen und die Zwiebeln darin scharf anbraten.

Den Balsamicoessig dazugeben. Die Hitze auf mittlere Flamme reduzieren und das Ganze ca. 2–3 Minuten köcheln und einreduzieren lassen. Ebenfalls beiseitestellen.

Für das Gurken-Raita – ein »Raita« bezeichnet in Indien eine kalte, meist salzige Speise auf Joghurtbasis – alle Zutaten, mit Ausnahme des Öls und der Senfsaat, in einer großen Schüssel miteinander verrühren.

Das Öl in einer beschichteten Pfanne erhitzen und die Senfsamen darin rösten, bis sie leise zu knistern beginnen. Die Pfanne vom Herd nehmen und den Inhalt auskühlen lassen. Anschließend zum Raita geben, unterrühren und im Kühlschrank 30 Minuten abgedeckt kühl stellen.

Den Backofen auf 200 Grad Ober-/Unterhitze oder ca. 180 Grad Umluft vorheizen. Die Tarteletteförmchen aus dem Kühlschrank nehmen, Frischhaltefolie abnehmen und die Tartelettes einzeln mit Backpapier (am besten vorher mit einer Schere Kreise ausschneiden) belegen. Anschließend jeweils bis zum Rand mit Hülsenfrüchten auffüllen, so dass der Teig während des Backens nicht aufgehen kann. Für ca. 15 Minuten auf der untersten Schiene im Ofen backen, dann Backpapier und Hülsenfrüchte entfernen.

Nun die vorgebackenen und noch heißen Teigböden mit dem Eiweiß, das von der Zubereitung des Teigs übrig ist, bestreichen und noch einmal 5 Minuten auf unterster Schiene backen. (Das Eiweiß verhindert, dass später Flüssigkeit in den Mürbeteig eindringt; die Böden werden also nicht matschig.)

In einer Schüssel die Eier mit der Sahne verquirlen und kräftig salzen und pfeffern. Trauben, Zwiebeln und den Ziegenfrischkäse auf die gebackenen Teigböden verteilen und bis zum Rand mit dem Ei-Sahne-Gemisch auffüllen. Im Ofen auf mittlerer Schiene ca. 20 Minuten backen, bis die Eiermasse gestockt ist und sich goldgelb verfärbt hat.

TIPP: Wenn es mal schnell gehen soll, dann kannst du auch fertigen Blätterteig aus dem Supermarkt statt des Mürbeteigs verwenden. Das schmeckt auch lecker!

Übung:
Der kleine Buddha badet

Wir alle beschäftigen uns in unserem Alltag gern mit Arbeiten oder Tätigkeiten, die uns Spaß machen und leicht von der Hand gehen, aber auf der anderen Seite gibt es auch Dinge, die wir nur sehr ungern erledigen und mit denen wir uns mitunter sogar richtig schwertun. Dazu zählt in meinem persönlichen Leben beispielsweise der Abwasch! Schon als junges Mädchen war es mir ein Graus, wenn mich meine Mutter regelmäßig nach dem Mittagessen in die Küche rief, um ihr beim Geschirrspülen zu helfen, und als ich schließlich erwachsen wurde und meine eigene Wohnung bezog, stapelten sich manchmal tagelang benutzte Teller, Tassen, Gläser und Besteck in meiner Spüle.

Dies änderte sich erst, als ich vor mehr als zehn Jahren für drei Wochen in das buddhistische Kloster Plum Village fuhr, um dort bei Thich Nhat Hanh, einem weltberühmten Zenmeister, die Kunst der Meditation zu erlernen. Dass wahre Meditation auch den Abwasch und alle anderen Hausarbeiten und täglichen Verrichtungen mit einbezieht und sich nicht nur in Stille auf einem Meditationskissen abspielt, wusste ich damals freilich noch nicht.

In den meisten buddhistischen Klöstern werden die Schüler und Schülerinnen, genau wie die Mönche und Nonnen auch, dazu angehalten, bei der täglich anfallenden Hausarbeit mitzuhelfen. Manche werden zum Gemüseschneiden eingeteilt, andere wiederum helfen im Garten, wischen die Böden oder putzen die Toiletten.

Zu meinem großen Leidwesen fand ich mich bald nach meiner Ankunft in der großen Spülküche wieder und durfte fortan jeden Tag riesige Töpfe, Pfannen und andere Küchengeräte schrubben. Ich war ehrlich gesagt nahe dran, frühzeitig das Weite zu suchen und abzureisen, wollte ich doch meditieren lernen und nicht tagein, tagaus meine Arme stundenlang bis zum Ellbogen in schmutzige Seifenlauge tauchen, aber da hielt Thich Nhat Hanh eines Morgens einen Vortrag, der meinen Bezug zum Geschirrspülen regelrecht revolutionierte.

Als Thich Nhat Hanh noch als junger Novize in Vietnam lebte, stand er vor dem gleichen Problem wie ich: Er musste in der Klosterküche jeden Tag das Geschirr seiner Mitbrüder spülen – und er hasste es! Eines Tages vertraute er sich verzweifelt einem älteren Mönch an, mit der Bitte, doch nun endlich »richtige« Meditation erlernen zu dürfen. Dieser aber riet ihm mit einem weisen Lächeln zu nachstehender Übung, die bis heute in den Klöstern von Thây, wie Thich Nhat Hanh von seinen Schülern und Schülerinnen liebevoll genannt wird, praktiziert wird.

Für diese Übung braucht es also schmutziges Geschirr – es muss nicht gleich ein

100 KOCHEN WIE EIN BUDDHA

ganzer Berg sein! – und ein Spülbecken. Mache dir zunächst, bevor du gleich heißes Wasser ins Becken laufen lässt, deine Körperhaltung bewusst. Stell dich aufrecht und so gerade wie möglich hin und lenke deine Aufmerksamkeit kurz auf die Fußsohlen. »Scanne« anschließend von unten nach oben auf die gleiche Weise den ganzen Körper, indem du dein Augenmerk für jeweils einen kurzen Moment achtsam auf jeden einzelnen Körperteil bis hinauf zum Kopf legst. Beende diesen »Körper-Scan« mit dem bewussten Betrachten der Bauchdecke, indem du drei Atemzüge lang ihr Heben und Senken beim Ein- und Ausatmen beobachtest.

Jetzt kannst du mit dem Abwasch beginnen. Fülle das Becken mit Wasser und einem Spritzer Spülmittel. Versuche dabei jede Bewegung und jede Erfahrung, die dein Körper macht, achtsam wahrzunehmen: das Drehen der Hähne, das Rauschen des Wassers, den Duft des Spülmittels. Das Gleiche gilt für den Teller, die Schale, die Tasse oder das Glas in deinen Händen: Spüre genau hin, erfühle das jeweilige Gewicht, die Glätte der Oberflächen und halte auf diese Weise den einzelnen Gegenstand vollkommen bewusst in deinen Händen.

Stell dir nun vor, dass dieses Glas oder dieser Teller vor deinen Augen im wahrsten Sinne des Wortes zum Leben erwacht. Jetzt tauchst du kein vermeintlich »totes« Ding mehr in das lauwarme, duftende Wasser, sondern ein atmendes Wesen, nämlich den kleinen Buddha als Neugeborenen. Wenn dir die Idee des Buddha-Babys zu fremd erscheint, dann visualisiere dich selbst als kleinen, gerade geschlüpften Erdenbürger. Stell dir vor, dies ist dein erstes Bad, der erste Kontakt mit Wasser im Dasein als kleiner Mensch, und behandle den Gegenstand – das Glas, den Teller, die Tasse oder die Schale – dementsprechend. Tauche ihn behutsam in das Wasser und beginne sanft und mit größter Sorgfalt, die Oberflächen zu reinigen.

Mache dir dabei zusätzlich bewusst, wie glücklich du dich schätzen kannst, über solch alltägliche Dinge, die dir dein Leben erleichtern, ohne großen Aufwand verfügen zu können. Wie schwer und mühsam wäre ein Alltag ohne Töpfe, Gläser und Besteck, aber auch ohne Toiletten, Tische, Stühle oder Kleidung? Diese Liste kannst du ins Unendliche fortsetzen, denn je mehr wir uns alle bewusst werden, wie dankbar wir für jedes Ding, das wir in der Regel gedankenlos benutzen, sein dürfen, desto sorgfältiger und achtsamer werden wir in Zukunft mit den Alltagsgegenständen in unserer unmittelbaren Umgebung umgehen. Hinsichtlich unserer modernen »Wegwerfgesellschaft« ist dies ein kleiner, aber bedeutender Schritt hin zu einem achtsamen Umgang mit den Ressourcen auf unserem Planeten.

Veggie-Burger mit homemade Rote-Bete-Ketchup, Avocado und geschmolzenen Cocktailtomaten (vegan)

Auf den ersten Blick wirkt die Zubereitung dieses »Hammer-Burgers« (Originalzitat meiner Testesser) recht aufwendig. Doch der Schein trügt, weil ich die verschiedenen »Bausteine« des Burgers in diesem Fall separat und in der zu kochenden Reihenfolge niedergeschrieben habe. So sind die einzelnen Schritte bis hin zum perfekten Burger leichter nachzuvollziehen.

Manchmal höre ich von meinen Lesern und Leserinnen, dass einige meiner Rezepte viel zu kompliziert und zu zeitaufwendig seien. Nun, ich finde, auch solche Rezepte haben ihre Daseinsberechtigung. In einer Zeit, in der alles nur noch auf Schnelligkeit ausgerichtet ist, kann das Kochen einer Mahlzeit, die mehr als nur zwei, drei einfache Schritte braucht, um fertig auf den Tisch zu kommen, eine wunderbare Möglichkeit sein, zur »Besinnung« zu kommen und damit ins vielbeschworene Hier und Jetzt »zurückzufinden«.

Einen Burger, das Symbol schlechthin für Fast Food und sogenannte »ungesunde Ernährung«, in KOCHEN WIE EIN BUDDHA aufzunehmen war übrigens eine sehr bewusste Entscheidung. Ich will dir damit zeigen, dass durch die Verwendung von »gesunden« und qualitativ hochwertigen Lebensmitteln – und mit einer Prise Achtsamkeit – aus jedem Gericht eine Mahlzeit werden kann, die selbst der Buddha, da bin ich mir ganz sicher, vor 2500 Jahren mit Vergnügen und ohne Bedenken gegessen hätte.

Finde Freude im Genuss der einfachen Dinge.

Homemade Rote-Bete-Ketchup

TIPP: Das Ketchup am Tag zuvor zubereiten; es sollte bis zum Servieren komplett abkühlen. Homemade Rote-Bete-Ketchup eignet sich auch prima zum Verschenken.

Rote-Bete-Ketchup habe ich erstmals in England probiert. Ich war so begeistert, dass ich mir vornahm, mir selbst ein Rezept dazu auszudenken. Das Ergebnis ist, wie ich finde, richtig gut geworden.
Sich selbst für etwas zu loben, sei es nun für ein gelungenes Gericht oder vielleicht für eine erfolgreich erledigte Arbeit im Büro, ist in unserer Kultur nicht gerne gesehen. »Eigenlob stinkt!«, sagt meine Mama dazu.

Ich finde es hingegen schön, sich selbst Lob zukommen zu lassen, solange man deswegen nicht überheblich wird und sein eigenes Können über das der anderen stellt. Sich selbst zu loben ist ein Akt der Selbstliebe und der Wertschätzung für sich selbst. Viel zu oft verleihen wir unserem inneren »Kritiker« die Macht, uns klein und wertlos zu machen – es wird Zeit, dass wir uns wieder über unsere Stärken und Fertigkeiten freuen.

ZUBEREITUNGSZEIT:
ca. 20 Minuten

KÜHLZEIT:
24 Stunden

ZUTATEN
(ergibt ca. 700 ml):
500 g Rote Bete, vorgekocht (du kannst auch bereits vorgekochte, vakuumverpackte Rote Bete aus dem Supermarkt verwenden)
ca. 3 cm frischer Ingwer, geschält und fein geschnitten
1 mittelgroße rote Zwiebel, geschält und fein geschnitten
2 Knoblauchzehen, geschält und fein geschnitten
½ TL getrocknete Chiliflocken
3 getrocknete Lorbeerblätter
4 Wacholderbeeren
100 g Vollrohrzucker
1 TL Salz

AUSSERDEM:
Pürierstab oder flotte Lotte, 1 mittelgroßer Topf, feinmaschiges Sieb, 1 Schüssel, sterile Gläser oder Flaschen mit Deckel

ZUBEREITUNG:
Die vorgekochte Rote Bete fein pürieren und anschließend in einen mittelgroßen Topf geben. Die restlichen Ketchup-Zutaten dazugeben und das Ganze auf mittlerer Flamme erhitzen.
Beginnt das Ketchup zu köcheln, die Hitze auf kleine Flamme reduzieren und mit geschlossenem Deckel ca. 15 Minuten weiterköcheln lassen. Anschließend Lorbeerblätter und Wacholderbeeren entfernen.
Nun das Ketchup durch ein feinmaschiges Sieb in eine bereitgestellte Schüssel streichen. Noch heiß in sterile Gläser oder Flaschen füllen. Gut verschließen und für 1–2 Minuten mit der Deckelseite nach unten auf den Kopf stellen. So kann sich ein Vakuum in den Gefäßen bilden. Im Kühlschrank aufbewahrt, hält sich das Ketchup 3–4 Monate.

Veggie-Burger

ZUBEREITUNGSZEIT:
insgesamt ca. 30 Minuten

EINWEICHZEIT FÜR DIE BOHNEN:
ca. 24 Stunden

KÜHLZEIT FÜR BOHNEN UND QUINOA:
ca. 3 Stunden

ZUTATEN FÜR DIE COCKTAILTOMATEN:
3 EL Olivenöl
2–3 Knoblauchzehen, geschält und in Scheibchen geschnitten
1 frischer Rosmarinzweig, gewaschen
500 g Cocktailtomaten, gewaschen und halbiert
100 ml Weißwein
Zesten von 1 unbehandelten Zitrone (Schale vorab unter fließend heißem Wasser abwaschen)
frisch gemahlener Pfeffer
Fleur de Sel

AUSSERDEM:
1 große beschichtete Pfanne

ZUBEREITUNG:
Das Olivenöl in einer großen beschichteten Pfanne erhitzen. Knoblauch und Rosmarinzweig zugeben und kurz andünsten. Darauf achten, dass der Knoblauch nicht braun wird.
Die Cocktailtomaten nebeneinander mit den Schnittseiten nach unten in der Pfanne plazieren und bei mittlerer Hitze anschwitzen, bis Saft austritt. Dabei immer wieder mit einem Kochlöffel von oben auf die Tomaten drücken, damit der Saft besser austreten kann.
Nach ca. 3 Minuten mit dem Weißwein ablöschen. Den Wein 2–3 Minuten einreduzieren lassen, bis der Alkohol verflogen ist. Das Ganze weitere ca. 5 Minuten bei offenem Deckel auf kleinster Flamme sanft köcheln lassen. Zum Abschluss Zitronenzesten unterrühren und mit Pfeffer und Fleur de Sel abschmecken. Beiseitestellen, bis die Bratlinge fertig sind.

Schätze den gegenwärtigen Moment und verweile im Hier und Jetzt.

ZUTATEN FÜR DIE VEGGIE-BRATLINGE:

100 g schwarze Bohnen, über Nacht eingeweicht und anschließend in reichlich Wasser weich gekocht (Vorsicht: kein Salz ins Kochwasser geben, sonst werden die Bohnen nicht richtig weich; siehe auch den Tipp unten), abgekühlt und anschließend 2 Stunden im Kühlschrank kalt gestellt
100 g Quinoa, in 300 ml Gemüsebrühe gar gekocht (siehe auch den Tipp unten), abgekühlt und anschließend 2 Stunden im Kühlschrank kalt gestellt
½ TL Paprikapulver, edelsüß
1 TL getrockneter Oregano
Zesten von ½ unbehandelten Zitrone (Schale vorab unter fließend heißem Wasser abwaschen)
Salz und frisch gemahlener Pfeffer
1 Avocado
2–3 Spritzer Limettensaft
Olivenöl zum Braten
4 Burger-Brötchen

AUSSERDEM:

1 große und 1 kleine Schüssel, 1 große beschichtete Pfanne

ZUBEREITUNG:

Bohnen und Quinoa aus dem Kühlschrank nehmen und miteinander vermengen (das Kaltstellen bewirkt, dass die Bratlinge in der Pfanne nicht so leicht auseinanderfallen). Paprikapulver, Oregano und Zitronenzesten dazugeben und untermengen. Mit Salz und Pfeffer abschmecken. Vier große Bratlinge aus der Masse formen.

Das Fruchtfleisch der Avocado aus der Schale lösen und in feine Spalten schneiden. In eine kleine Schüssel geben und den Limettensaft hinzufügen. Vorsichtig vermengen und bis zum Servieren beiseitestellen.

Den Backofen auf 100 Grad Ober-/Unterhitze vorheizen.

Ausreichend Olivenöl – der Boden sollte bedeckt sein – in eine große beschichtete Pfanne geben und erhitzen. Die Bratlinge einsetzen und von beiden Seiten anbraten. Währenddessen die Brötchen halbieren und auf mittlerer Schiene (auf dem Gitter) im Backrohr leicht anwärmen.

Zum Anrichten der Burger jeweils einen Bratling auf eine untere Brötchenhälfte legen. 1–2 Esslöffel geschmolzene Cocktailtomaten portionsweise auf die einzelnen Bratlinge geben. Darauf die Avocadoscheiben verteilen und abschließend Rote-Bete-Ketchup darübergeben. Mit den oberen Brötchenhälften abdecken.

TIPPS: Die gekochten Bohnen noch heiß grob zerdrücken, so dass eine Art Brei entsteht.
Den Quinoa schon am Vortag kochen und im Kühlschrank kalt stellen.

Nepalesisches Kartoffel-Reisflocken-Curry mit Kokos-Mandel-Milchreis (vegan)

Dieses Gericht ist in Nepal, meiner zweiten Heimat (ich betreue dort gemeinsam mit Freunden 20 Kinder in einem Waisenhaus), eine der beliebtesten Mahlzeiten überhaupt. Es wird allerdings immer nur zu besonderen Anlässen – zum Beispiel an hohen Feiertagen oder wenn wichtiger Besuch ins Haus kommt – zubereitet und wirkt auf unseren westlichen Gaumen zunächst ungewöhnlich. Das pikante Curry wird nämlich grundsätzlich zusammen mit dem süßen Milchreis auf einem Teller serviert. Dazu reicht man manchmal noch scharf eingelegtes Gemüse, sogenannte »Pickles«. Die Menschen in Nepal sind äußerst gastfreundlich; selbst einem fremden Besucher werden, sofort nachdem er das Haus betreten hat, etwas zu essen und eine Tasse Tee angeboten. Wird der Gast zudem noch sehr geschätzt und ist er aus bestimmten Gründen im Dorf hoch angesehen, kocht die Frau des Hauses meistens eine extra Portion Kokos-Mandel-Milchreis zusätzlich zu den anderen Gerichten. Damit wird gezeigt, wie »kostbar« dieser Gast für die Familie ist.

Mit anderen Lebewesen zu teilen und ihnen nur das Beste und Schönste zukommen zu lassen ist eine der vielen Früchte einer intensiven Achtsamkeitspraxis. Die Achtsamkeit öffnet unsere Herzen und lässt uns dankbar werden. Aus dieser Dankbarkeit heraus beginnt man, ganz natürlich und ohne große Anstrengung, aus vollen Händen zu geben und zu teilen.

ZUBEREITUNGSZEIT:
insgesamt ca. 40 Minuten

ZUTATEN
FÜR DAS CURRY:
750 g vorwiegend festkochende Kartoffeln, mit der Schale gekocht und komplett abgekühlt (am besten schon am Vortag kochen)
1–2 EL Kokosöl
1 kleine rote Zwiebel, geschält und fein geschnitten
1 Knoblauchzehe, geschält und fein geschnitten
ca. 3 cm frischer Ingwer, geschält und fein geschnitten
1 TL Bockshornkleesaat
½ TL Kurkuma
1 TL gemahlener Kreuzkümmel
1 frische grüne Chilischote, gewaschen und in feine Ringe geschnitten (wenn du es nicht ganz so scharf magst, dann entferne die Samen)
Salz

2 EL getrocknete Reisflocken (findest du im gut sortierten Bioladen bei den Frühstücksflocken und Müslis)

FÜR DEN MILCHREIS:
150 g Basmatireis
1 Dose Kokosmilch à 400 ml
1 EL Kokosraspeln
100 g blanchierte Mandeln, grob gehackt (bekommst du im gut sortierten Bioladen)
2 EL Ahornsirup

AUSSERDEM:
1 großer und 1 mittelgroßer Topf

TIPP: In Nepal gibt es zu diesem Gericht meist ein paar Scheiben frisch aufgeschnittene Salatgurke und sogenannte »Pickles«, sprich scharf oder sauer eingelegtes Gemüse. Du kannst dir stattdessen mit fertig gekauften, indischen Chutneys, die du im asiatischen Supermarkt, aber auch in ganz normalen, gut sortierten Supermärkten bekommst, behelfen.

Wenn du es eilig hast, werde langsamer.

ZUBEREITUNG:
Zuerst das Curry zubereiten. Dafür die gekochten Kartoffeln pellen und in mundgerechte Würfel schneiden.
Das Kokosöl in einem großen Topf erhitzen. Zwiebeln, Knoblauch und Ingwer 1–2 Minuten darin anbraten.
Den Bockshornklee dazugeben und unter ständigem Rühren 2 Minuten mitbraten. Nun die Kartoffeln hinzufügen und ebenfalls unter Rühren scharf anbraten. Kurkuma, Kreuzkümmel und Chili dazugeben und unterrühren. Das Ganze mit Salz abschmecken.
Den Topf vom Herd nehmen, die Reisflocken unterrühren und bei geschlossenem Deckel ziehen lassen, bis der Milchreis fertig ist.
Für den Milchreis Basmatireis und Kokosmilch in einen mittelgroßen Topf geben und kurz aufkochen lassen. Die Hitze auf kleinste Flamme reduzieren. Kokosraspeln und Mandeln dazugeben und unterrühren. Bei geschlossenem Deckel ca. 20 Minuten sanft garen lassen, bis der Reis die Flüssigkeit komplett eingesogen hat (der Reis bleibt, anders als herkömmlicher Milchreis, körnig und hat keine breiige Konsistenz). Gelegentlich umrühren und abschließend mit Ahornsirup süßen.
Zum Servieren Kartoffelcurry und Milchreis zusammen auf einem Teller portionsweise anrichten.

Amma, die Großmutter in unserem Waisenhaus in Nepal, kocht ihren Milchreis übrigens immer mit schlichtem, raffiniertem Zucker, der in Nepal einen sehr hohen Stellenwert einnimmt, dient er doch für die vielen hart arbeitenden Menschen, meist in Form von stark gezuckertem Tee, als schnelle Energiezufuhr.

Als »aufgeklärte« Europäerin verurteilte ich zunächst den enormen Zuckerverbrauch meiner nepalesischen Familie, doch dann erkannte ich, wie überheblich das von mir war. Zucker ist billig, und die meisten Menschen sind dort bitterarm. Schon Kinder arbeiten in jungem Alter auf den Feldern ihrer Eltern, und es fehlt an gesunden Alternativen zu herkömmlichem Zucker, weil Obst sehr teuer ist. Oft gibt es nur zwei Mahlzeiten am Tag: vormittags und spät am Abend, kurz vor dem Schlafengehen. Gezuckerter Tee mit getrockneten Reisflocken oder Keksen, die im Tee aufgeweicht werden, sind für viele Menschen und Schulkinder tagsüber das Einzige, was sie zu sich nehmen.

Oft ist uns gar nicht bewusst, wie privilegiert wir in den westlichen Ländern leben; das Praktizieren von Achtsamkeit erlaubt uns, nach und nach unseren Horizont zu erweitern und nicht nur tiefere Einblicke in uns selbst, sondern auch in das Leben anderer zu nehmen – stets liebevoll und ohne zu urteilen.

Spaghetti mit Linsenbolognese und »Cashewnuss-Parmesan« (vegan)

Dieses Gericht habe ich erstmals im Rahmen eines sogenannten »Outdoor-Cookings« zubereitet, wobei ich zugegebenermaßen nur die Soße in einem Kessel über dem offenen Feuer vor sich hin köcheln ließ; Pasta und »Parmesan« bereitete ich auf herkömmliche Weise, gemeinsam mit meinen Freunden, in deren Garten ich zu Gast war, in der Küche zu.

Die besondere Herausforderung hierbei war aber nicht das Kochen über prasselnden Flammen, sondern es waren die Kinder und Nachbarskinder der Familie, die voller Freude und Elan um das Lagerfeuer herumsprangen, um sich die Zeit bis zum Essen zu vertreiben. Zuerst herrschte unter den Kleinen nämlich große Skepsis, denn »Linsenbolognese« und »Cashewnuss-Parmesan« klang in ihren Ohren bei weitem nicht so verführerisch wie Hackfleischbolognese mit viel Parmesankäse. Doch es geschah ein kleines Wunder: Alle, wirklich alle Kinder konnten von dieser veganen Variante nicht genug bekommen, ganz zu schweigen von den Erwachsenen – wenn das kein Ritterschlag ist!

Neues offen und ohne Vorurteile auszuprobieren und dabei nicht zu wissen, was auf einen zukommt, sei es nun rein geschmackstechnisch oder überhaupt im Leben, gehört ebenso zur Achtsamkeitspraxis im Alltag wie ein freundlicher Umgang mit Dingen, die vielleicht nicht schmecken oder gefallen. Hätte es den Kindern also nicht geschmeckt, dann hätten wir zunächst gemeinsam im Gespräch herausfinden können, woran es lag. Oftmals lehnen wir gleich zu Beginn etwas ab, weil es uns nicht vertraut ist; wir wollen lieber Althergebrachtes und verwehren dadurch allem Neuen von vornherein die Chance, unser bisheriges Leben zu bereichern.

Würze jedes Gericht mit einer Prise Liebe.

ZUBEREITUNGSZEIT:
ca. 40–45 Minuten

ZUTATEN
FÜR DIE BOLOGNESE:
1 TL Zucker
2 EL Olivenöl
1 kleine Zwiebel, geschält und in feine Stücke geschnitten
1 Knoblauchzehe, geschält und fein geschnitten
2 Stangen Staudensellerie, gewaschen und in feine Stücke geschnitten
1 mittelgroße Möhre (ca. 200 g), geschält und in feine Stücke geschnitten
1 gehäufter EL Tomatenmark
100 g orange Linsen, unter fließend kaltem Wasser gewaschen
2 Lorbeerblätter
1 TL getrockneter Oregano
2 Stengel frischer Rosmarin, gewaschen
1 Dose gestückelte Tomaten à 400 g
100 ml Gemüsebrühe
Salz und frisch gemahlener Pfeffer
1 EL Petersilie, gewaschen und fein geschnitten

FÜR DIE NUDELN:
ca. 500 g Spaghetti – je nach Hunger (man berechnet bei einem Hauptgericht ca. 100–120 g Nudeln pro Person)
Salz

FÜR DEN »PARMESAN«:
100 g gesalzene Cashewnüsse
1 Knoblauchzehe, geschält und fein zerdrückt

AUSSERDEM:
1 mittelgroßer und 1 großer Topf, Sieb, Mixer bzw. Küchenmaschine, 1 kleine Schale

ZUBEREITUNG:
Einen mittelgroßen Topf trocken – also ohne Inhalt – auf dem Herd erhitzen. Zucker gleichmäßig auf dem heißen Boden verteilen und schmelzen lassen. Nicht braun werden lassen, sonst wird das Gericht später bitter. Nun das Olivenöl dazugeben und gleichzeitig die Hitze auf mittlere Flamme reduzieren. Zwiebeln und Knoblauch darin anschwitzen, bis die Zwiebelstücke glasig sind.
Staudensellerie und Möhrenstückchen dazugeben und unter Rühren ca. 2–3 Minuten anbraten.
Tomatenmark und Linsen unterrühren sowie Lorbeerblätter, Oregano und Rosmarin dazugeben. Mit Tomatenstücken und Gemüsebrühe aufgießen.
Die Hitze auf kleine Flamme reduzieren und die Bolognese bei geschlossenem Deckel ca. 20 Minuten köcheln lassen, bis die Linsen weich sind.
Während die Bolognese köchelt, den Parmesan zubereiten und nebenbei reichlich Wasser für die Nudeln in einem großen Topf zum Kochen bringen. Das Kochwasser ausreichend salzen und die Spaghetti darin al dente kochen. Zum Abtropfen durch ein Sieb geben.
Für den »Parmesan« die Cashewnüsse in einem Mixer fein mahlen. Den Knoblauch dazugeben und ca. 10 Minuten durchziehen lassen. (Du kannst den Knoblauch auch weglassen, dann wird der »Parmesan« nicht »feucht« – mit Knoblauch schmeckt er aber würziger.) In ein Schälchen füllen und beiseitestellen.
Sind die Linsen gar, die Bolognese mit Salz und Pfeffer abschmecken und zum Servieren mit Petersilie bestreuen. Separat dazu die Nudeln und den »Parmesan« reichen.

Kürbislasagne mit Orangen-Béchamel

Lasagne ist ein klassisches »Wohlfühlgericht«. Die meisten Menschen, die ich kenne, mögen Lasagne. Gerichte, die uns ein Wohlgefühl bescheren, sowohl im Bauch als auch auf der seelischen Ebene, haben ihren Ursprung entweder in der Kindheit oder sie sind mit schönen Erlebnissen im Erwachsenenalter verknüpft. Bei der Lasagne kommt meistens beides zusammen: Mamas Lasagne aus der Kindheit und Urlaubserinnerungen an Bella Italia. Praktizieren wir Achtsamkeit im Alltag, dann lernen wir, wieder mehr und mehr auf die Befindlichkeiten und Bedürfnisse unseres Körpers zu achten – und wissen deshalb ganz genau, wenn es auf der seelischen Ebene mal wieder Zeit ist für eine leckere Lasagne. Kalorien hin oder her! Das Rezept für diese ungewöhnliche Lasagne habe ich für die Gäste in unserem Café entwickelt; sie schmeckt himmlisch!

ZUBEREITUNGSZEIT:
ca. 30 Minuten

BACKZEIT FÜR DEN KÜRBIS:
ca. 25 Minuten

BACKZEIT FÜR DIE LASAGNE:
ca. 40 Minuten

ZUTATEN
FÜR DIE KÜRBISFÜLLUNG:
1 Hokkaido-Kürbis (1 kg brutto), gewaschen, von den Kernen befreit und mitsamt der Schale in mundgerechte Stücke geschnitten
Olivenöl
1 TL Fleur de Sel (wahlweise normales Salz)
nach Belieben ein paar Tropfen Orangenöl (siehe das Rezept Orientalische Karotten, S. 79)
ca. 1 TL Blätter von einem frischen Rosmarinzweig, gewaschen und fein gehackt
frisch gemahlener Pfeffer

FÜR DIE ORANGEN-BÉCHAMEL:
50 g Butter
2 gehäufte EL Mehl
100 ml Weißwein (wahlweise Gemüsebrühe)
Saft und Abrieb von 1 unbehandelten Orange (wahlweise 100 ml herkömmlicher Orangensaft)
1 Lorbeerblatt
3–4 Wacholderbeeren
200 g Sahne
750 ml Vollmilch
1 Prise Muskat
Salz und frisch gemahlener Pfeffer

ZUSÄTZLICH:
250 g Lasagne-Blätter, nicht vorgekocht

AUSSERDEM:
1 Backblech, Backpapier, 1 mittelgroße Schüssel, 1 großer Topf, Schneebesen, 1 mittelgroße Auflaufform

ZUBEREITUNG:

Zuerst den Kürbis vorbereiten. Den Backofen auf 220 Grad Ober-/Unterhitze bzw. 200 Grad Umluft vorheizen. Ein Backblech mit Backpapier auskleiden und die Kürbisstücke gleichmäßig darauf verteilen. Großzügig mit Olivenöl beträufeln und gleichmäßig Salz darüberstreuen. Eventuell etwas Orangenöl darüberträufeln. Im Backrohr auf mittlerer Schiene ca. 25 Minuten garen, bis der Kürbis weich ist.

Aus dem Ofen nehmen und die Kürbisstücke in eine mittelgroße Schüssel geben. Den Rosmarin unterrühren und mit Pfeffer abschmecken; dabei darf ruhig eine Art grober Brei entstehen. Gegebenenfalls noch mal salzen – Kürbis »schluckt« viel Salz. Beiseitestellen, bis die Béchamelsoße fertig ist.

Für die Orangen-Béchamel die Butter in einem großen Topf erhitzen. Das Mehl dazugeben und rasch mit einem Schneebesen unterrühren. Dabei die Hitze auf mittlere Flamme reduzieren.

Unter ständigem Rühren mit Weißwein und Orangensaft aufgießen. Orangenabrieb, Lorbeerblatt und Wacholderbeeren zugeben, dann Sahne und Milch dazugießen. Dabei ständig weiter mit dem Schneebesen rühren, sonst brennt die Béchamel am Topfboden an. So lange rühren, bis die Béchamelsoße gleichzeitig heiß und dickflüssig wird. Vom Herd nehmen und mit Muskat, Salz und Pfeffer abschmecken. Wacholderbeeren und Lorbeerblatt entfernen.

Den Backofen auf 200 Grad Ober-/Unterhitze bzw. 180 Grad Umluft erhitzen. Den Boden einer mittelgroßen Auflaufform großzügig mit Béchamelsoße bedecken. Die Lasagne-Blätter darauf verteilen. Den Kürbis gleichmäßig über die Nudeln geben und mit Lasagne-Blättern abdecken. Mit dem Rest der Béchamelsoße abschließen. Auf mittlerer Schiene im Ofen ca. 40 Minuten backen, bis die Nudeln weich sind und die Oberfläche stellenweise goldbraun gebacken ist.

Zum Servieren portionsweise auf flache Teller geben.

Jeder achtsame Moment zählt.

HAUPTSPEISEN

Das große Festessen

Diese Geschichte hat mir vor ein paar Jahren ein alter burmesischer Mönch im Rahmen eines Meditationskurses erzählt, in dem es unter anderem auch um die innere Entfaltung von Großzügigkeit und Herzensgüte ging. Das Kultivieren von liebevoller Güte – also von Herzensgüte, wie die Buddhisten gerne sagen – ist in vielen buddhistischen Traditionen mindestens genauso wichtig wie das Praktizieren von Achtsamkeit. Mein Mönch und Lehrer vergleicht die beiden, sprich Achtsamkeit und liebevolle Güte, gerne mit besten Freundinnen, die einander unterstützen und Halt geben – komme, was da wolle.

So unterstützt also die Herzensgüte ihre Freundin, die Achtsamkeit, wo sie kann, und genauso ist es umgekehrt. Entwickeln wir ein offenes, liebevolles und großzügiges Herz, dann hat es die Achtsamkeit viel leichter, sich zu manifestieren, und Glück und innerer Reichtum beginnen uns wie von selbst zuzufliegen. Sind wir achtsam allen Dingen des Lebens gegenüber, dann beginnt liebevolle Güte auf ganz natürliche Weise zu erblühen, denn der sorgfältige Umgang mit allem, was da ist – egal, ob lebendig oder nicht –, lässt uns ein tieferes und liebevolleres Verständnis für uns selbst, für andere und auch für scheinbar Lebloses entwickeln.

Doch nun zur eigentlichen Geschichte; sie spielt zu Lebzeiten des Buddha in einer kleinen Stadt im Norden Indiens. In dieser Stadt lebte einst ein sehr reicher Kaufmann, der jedes Jahr für seine Geschäftspartner ein großes Festessen unter freiem Himmel ausrichten ließ. Für dieses Gelage holte er schon Wochen zuvor die besten Köche des Landes in sein Haus, damit alles rechtzeitig fertig wurde. Die Gerichte wurden, so erzählte man sich in den Gassen der Stadt, in goldenen Töpfen gekocht und am Festtag in Schalen und auf Tellern serviert, die mit Edelsteinen gefasst waren. Die edelsten und teuersten Gewürze aus aller Welt verfeinerten die Speisen, und nur die besten und frischesten Lebensmittel wurden verwendet. Der Kaufmann ließ zu diesem Anlass auch seltene Früchte und andere exotische Speisen aus fernen Ländern importieren, und all diese Köstlichkeiten wurden am Tag des eigentlichen Festes auf einer großen Wiese außerhalb der Stadtmauern unter seidenen Baldachinen den Gästen serviert.

Am Rande des Festplatzes versammelten sich Jahr um Jahr auch viele Zaungäste, um dem Spektakel zuzuschauen und sich wenigstens an den himmlischen Düften zu erfreuen, wenn sie schon nicht mit dem reichen Kaufmann und seinen Freunden an der Tafel sitzen konnten. In jenem Jahr, in dem sich diese Geschichte zutrug, befand sich unter diesen Zuschauern ein junger, sehr armer Mann. Er hatte von dem Festessen gehört und war mit zwei Freunden gekommen, um sich mit eigenen Augen ein Bild von dem Schmaus zu machen.

Die Freunde kamen aus dem Staunen nicht mehr heraus, als eine große Schale nach der anderen aufgetragen wurde, bis sich die Festtafel regelrecht unter dem Gewicht der Speisen bog. Als alle Deckel von den Dienern zeitgleich abgehoben wurden, verströmten die Speisen einen so köstlichen und verführerischen Duft, dass es dem jungen Mann mit einem Mal ganz schwindelig vor Verlangen wurde. In ihm regte sich plötzlich eine solche Gier, von allem kosten zu dürfen, dass er ganz unruhig wurde.

»Ich sterbe, wenn man mir nicht die Gelegenheit gibt, diese herrlichen Gerichte dort drüben zu probieren«, sagte er zu seinen Freunden, die zunächst glaubten, dass er scherzte. Doch dem jungen Mann war es im wahrsten Sinne des Wortes todernst, denn er war sicher, er würde sterben, sollte er nicht an die Tafel vorgelassen werden.

Seine Freunde beratschlagten sich und fassten sich schließlich ein Herz. Sie gingen zum Kaufmann und erzählten ihm von dem jungen Mann. Neugierig geworden, ließ er diesen zu sich kommen und seine Bitte vortragen. »Ich schlage dir ein Geschäft vor«, sagte der Kaufmann schließlich, »du arbeitest drei Jahre lang als mein persönlicher Diener. Erledigst du deine Arbeit zu meiner Zufriedenheit, dann richte ich dir danach ein Fest aus, das diesem hier aufs Haar gleicht – und du wirst der Ehrengast sein und all diese göttlichen Speisen essen können, bis du nicht mehr kannst.«

Der junge Mann willigte ein, und so kam es, dass er in den folgenden drei Jahren im Dienst des reichen Kaufmanns stand und sich zu einem äußerst aufmerksamen und achtsamen Diener entwickelte, der seinem Herrn jeden Wunsch von den Augen ablas.

Als sich das dritte Jahr seinem Ende zuneigte, ließ der Kaufmann den Diener zu sich rufen. »Du hast mir in all der Zeit vortrefflich gedient, nun will ich mein Versprechen einhalten und im nächsten Monat ein Festessen für dich ausrichten.«

Am Tag des großen Festessens kleidete sich der junge Mann in seine besten Gewänder und begab sich auf den Festplatz, wo ihm zu Ehren ein schön geschmückter Sitzplatz errichtet worden war. Doch gerade als er seine Hand hob, um den Deckel von der ersten goldenen Schale zu heben, sah er von weitem einen Bettelmönch auf Almosengang am Rande des Festplatzes vorübergehen. Spontan sprang er auf und lief zu dem Mann, um ihn an die Tafel einzuladen. Die Menge bildete eine Gasse, als er mit dem Mönch zurückkam. Er geleitete ihn zu dem Stuhl, der eigentlich für ihn bestimmt war, und begann ihm voller Ehrerbietung die Speisen zu kredenzen. Er selbst rührte keinen Bissen an.

Als der Kaufmann die selbstlose Großzügigkeit seines Dieners sah, war er zu Tränen gerührt und ließ den jungen Mann zu sich rufen. »Obwohl ich dich als umsichtigen, loyalen und herzensguten Bediensteten kennengelernt habe, hätte ich niemals damit gerechnet, dass du deinen größten Herzenswunsch ohne mit der Wimper zu zucken einem einfachen Mönch opferst«, sagte er bewegt. »Ich werde dich dafür reich belohnen!«

Und so kam es, dass der ehemals arme Junge schließlich durch die großzügigen Schenkungen seines ehemaligen Herrn ein sehr wohlhabender Mann wurde, der seine Gelder und Besitztümer bis zu seinem Tod stets dafür einsetzte, armen Leuten Gutes zu tun und zu helfen, wo er nur konnte.

DESSERTS

Wenn's drunter und drüber geht – die Herzensköchin im Alltag

Zu Beginn des Kapitels über die Hauptspeisen konntest du einen Eindruck gewinnen, wie man in der Küche eines traditionellen Zenklosters kocht und arbeitet. Im alltäglichen Leben, wo man vielleicht die einzige Person weit und breit ist, die versucht, sich in Achtsamkeit zu üben, schaut die Sache allerdings ganz anders aus. In dem kleinen Münchner Café, in dem ich regelmäßig als Köchin arbeite, schweigt keiner in der Küche, ganz im Gegenteil, wir lachen und plappern, dass sich manchmal am frühen Morgen schon die Nachbarn beschweren. Und während gerührt, geschnitten, geraspelt und geknetet wird, achtet mit Sicherheit keine meiner lieben Mitstreiterinnen darauf, was sie da eigentlich gerade mit ihren Händen macht. Der neueste Tratsch, der geplante Urlaub oder einfach der Spaß mit den Kolleginnen ist viel spannender als das Rühren in der Pfanne oder das Vorbereiten der Kuchentheke. Um ehrlich zu sein, das ist genau das, was ich im Zusammensein mit meinen Küchen-Kolleginnen so sehr liebe: die Ausgelassenheit, das Lachen, das Blödeln und der neueste Klatsch.

In den Küchen dieser Welt, vor allem aber in der professionellen Gastronomie, köcheln ja gemeinhin nicht nur die Töpfe auf dem Herd vor sich, auch die Emotionen brodeln und kochen zuweilen hoch. Der Stress ist groß, und den angestauten Dampf sofort abzulassen erscheint manchmal als das einzig wirksame Mittel, um danach wieder weitermachen zu können. Komischerweise genieße ich auch das: all diese gewaltigen Gefühle wie Wut, Zorn, aber auch die Angst, dass etwas nicht gelingen könnte, die in der Hitze des Küchengefechts ungefiltert an die Oberfläche treten können.

Dennoch haben sich in all den Jahren, in denen ich nun schon Achtsamkeit praktiziere, ein paar Dinge ganz entscheidend verändert: Egal, wie stressig, egal, wie »heiß« es in der Küche wird – im Wortsinn und im übertragenen Sinne –, es gibt da einen Ort in mir, an dem es vollkommen ruhig ist. Um mich herum mag der Sturm des Mittagsgeschäfts toben, mein Herz bleibt still und gelassen. Ich lache und scherze mit meinen Mädels, aber auf wunderbare Weise behält mein Geist dabei jeden Handgriff, den ich mache, konzentriert im Auge. Es ist, als könnte er tatsächlich zweispurig fahren.

Dieser ruhige und gelassene Ort in meinem Herzen ermöglicht es mir auch, Wut, Ärger und andere unangenehme Gefühle, die sich, wie wir alle wissen, vor allem bei Stress ein Ventil nach außen suchen – zum Beispiel in Form von Streit –, nicht an meinen Kolleginnen oder an den Gästen auszulassen; er bietet im wahrsten Sinne des Wortes genug Raum für alles, ohne mich selbst oder andere in meinem Umfeld zu verletzen.

Das wütende Kind an der Kasse

Mein amerikanischer Meditationslehrer James erzählte einmal in einem seiner Vorträge über Achtsamkeit im Alltag von einer Begebenheit im Supermarkt, die wir sicher alle schon einmal erlebt haben: das quengelnde Kind an der Kasse. Meist schauen wir in solch einem Fall weg, regen uns über das Kind und die Mutter auf, oder wir ärgern uns, weil wir dadurch nicht schnell genug vorankommen.

In James' Fall war die junge Mutter bereits am Rande eines Nervenzusammenbruchs. Nichts ging mehr vorwärts, der kleine Junge stemmte sich schreiend und heulend quer, so dass die Dame an der Kasse nicht weiterkassieren konnte. Er strampelte mit den Beinen und lag tränenüberströmt am Boden. Seine Mutter, vollkommen entnervt und verzweifelt, begann den kleinen Kerl wütend anzuschreien. Sie schimpfte und holte schon mit der Hand aus, um ihrem Sohn eine saftige Ohrfeige zu verpassen, da schritt eine etwas ältere Frau ein, die direkt vor James in der wartenden Schlange stand, und wandte sich lächelnd an die wütende Mutter: »Was für einen süßen Jungen Sie haben! Darf ich fragen, wie alt er ist? Ich habe auch so einen lieben Enkel. Er kommt mich oft besuchen.«

Mit diesen Worten löste sich die gesamte Anspannung an der Kasse binnen Sekunden in Wohlgefallen auf. Die junge Mutter kniete sich stolz zu ihrem kleinen Jungen auf den Boden, der gar nicht wusste, wie ihm geschah, strich ihm die verschwitzten, blonden Locken aus dem roten Gesicht und antwortete, dankbar zu der alten Dame aufblickend: »Ja, ich liebe ihn sehr! Er ist vier Jahre alt, aber manchmal kann er mich auch echt zur Weißglut bringen, der wilde Racker!« Einige umstehende Leute lächelten zustimmend, und manche fanden auch ein paar mitfühlende Worte. Der kleine Junge aber schaute mit großen, tränennassen Augen überrascht um sich, während die Kassiererin erleichtert ihre Arbeit wieder aufnahm.

Achtsamkeit verleiht uns eine klare Sicht auf die Dinge und Geschehnisse in und um uns herum. Diese Klarsicht ermöglicht es uns, besonnen, mitfühlend und der jeweiligen Situation angemessen zu reagieren, selbst wenn uns unsere Gefühle und Gedanken in eine andere, weniger heilsame Richtung lenken wollen.

Achtsamkeit lässt uns besonnen und mitfühlend reagieren.

Vegane Mousse au Chocolat

Dieses erstaunlich einfache und unglaublich leckere Rezept stammt von Christine, einer unserer kreativen Gartensalon-Köchinnen. Achtsamkeit und Kreativität sind übrigens »enge Verwandte«; denn die Achtsamkeit hilft dem Geist, sich aus dem täglichen, immer gleichen Gedankenkarussell zu befreien. Dadurch werden auf natürliche Weise neue Kapazitäten frei, die sich dann beispielsweise in Form von Kreativität, aber auch als Mitgefühl, Freude und innere Ruhe zeigen können.

ZUBEREITUNGSZEIT:
ca. 25 Minuten
(evtl. Kühlzeit: ca. 30 Minuten)

ZUTATEN:
300 g vegane Zartbitterschokolade, 70 % Kakaoanteil (Schokolade mit über 70 % Kakaoanteil ist bereits in vielen Fällen vegan!)
400 g Seidentofu
2 EL Kakaopulver
Abrieb von 1 unbehandelten Orange (vorher unter fließend heißem Wasser abwaschen)
2 EL Ahornsirup
1 getrocknete Tonkabohne (wahlweise Mark von ½ Vanilleschote)

AUSSERDEM:
1 kleiner Topf, 1 kleine und 1 mittelgroße Schüssel, Rührgerät, Muskatreibe

Behandle alle Lebensmittel wie dein Augenlicht.

ZUBEREITUNG:
In einem kleinen Topf Wasser für das Wasserbad erhitzen. 250 g Zartbitterschokolade in Stücke brechen, in eine kleine Schüssel geben und im kochenden Wasserbad schmelzen. Die restlichen 50 g Schokolade fein hacken und beiseitestellen.
Seidentofu, Kakaopulver, Orangenabrieb und Ahornsirup in eine Schüssel geben und mit Hilfe eines Rührgeräts verrühren. Die Hälfte der Tonkabohne fein reiben und zur Tofumasse geben (wahlweise das Mark von ½ Vanilleschote verwenden). Abschließend die geschmolzene Schokolade und die gehackten Schokostückchen unterrühren.
Am besten schmeckt die Mousse – im Gegensatz zur nicht veganen Variante –, wenn du sie nur kurz abkühlen lässt und anschließend sofort servierst, denn dann behält sie ihre luftige Konsistenz.
Du kannst die Mousse aber auch für ca. 30 Minuten in den Kühlschrank stellen, dann wird sie allerdings etwas fester als herkömmliche Mousse au Chocolat. Auf dem Bild siehst du die »erhärtete« Variante. Zum Servieren portionsweise auf Schälchen verteilen und jeweils eine Prise Tonkabohne über die Mousse reiben.

Himbeer-Mascarpone-Creme mit knusprigen Amarettini-Bröseln und Mandelsirup

Immer wenn ich gebeten werde, auf einer Party ein Dessert beizusteuern, fällt meine Wahl auf diese himmlisch süße Verführung. Das Rezept stammt ursprünglich von den Köchen und Köchinnen des buddhistischen Seminarhauses Engl in Niederbayern, in dem ich regelmäßig zu Gast bin, um meine eigene Meditationspraxis zu vertiefen. Für alle Mitarbeiter im »Engl« ist es eine Selbstverständlichkeit, anfallende Arbeiten am und im Haus mit der größtmöglichen Achtsamkeit und Sorgfalt zu erledigen, deshalb fühlt man sich dort als Gast auch sofort zu Hause und sehr willkommen.

Die Creme ist, ganz im Sinne einer kleinen Feier, großzügig auf etwa acht Personen ausgerichtet, aber keine Sorge, sie schmeckt so lecker, dass auch bei vier Personen garantiert nichts übrig bleibt.

ZUBEREITUNGSZEIT:
ca. 10 Minuten

KÜHLZEIT:
ca. 30 Minuten

ZUTATEN:
250 g Mascarpone
500 g Magerquark
4 Päckchen Vanillezucker
2 EL Zucker (wahlweise feiner Backzucker)
ca. 100 ml Vollmilch
100 g Sahne, steif geschlagen
Saft von ½ Zitrone
3 EL Mandelsirup (wahlweise 2–3 Tropfen Bittermandel-Aroma)
200 g Amarettini, grob zerbröselt
300 g tiefgefrorene Himbeeren

AUSSERDEM:
1 große Schüssel, Rührgerät

ZUBEREITUNG:
Mascarpone, Magerquark, Vanillezucker, Zucker und Milch in eine große Schüssel geben und gut verrühren, bis eine glatte Creme entsteht.
Schlagsahne sanft unterrühren und die Creme mit Zitronensaft und Mandelsirup abschmecken.
Zum Schluss Amarettini-Brösel und tiefgefrorene Himbeeren unterheben und die Creme ca. 30 Minuten im Kühlschrank abgedeckt durchziehen lassen.
Zum Servieren portionsweise in kleine Schälchen füllen.

Zwetschgen-Marzipan-Crumble nach Edward E. Brown

Dieses Rezept stammt in seiner ursprünglichen Fassung von Edward Espe Brown, jenem amerikanischen Zenkoch und Freund, dem ich fünf Jahre lang während seiner Kochkurse in Österreich assistieren durfte und von dem in diesem Buch immer wieder die Rede ist. Ich habe den Crumble später dann für meine eigenen Achtsamkeitskochkurse ein bisschen abgewandelt. Statt der Kirschen, die Edward in seinem Rezept verwendet, nehme ich lieber Zwetschgen oder Pflaumen. Edward fügt seiner Streuselmasse auch kein Marzipan hinzu, aber das unverwechselbare Mandelaroma harmoniert wirklich extrem gut mit den Zwetschgen.

ZUBEREITUNGSZEIT:
ca. 30 Minuten

KÜHLZEIT:
ca. 15 Minuten

BACKZEIT:
ca. 30–35 Minuten

ZUTATEN
FÜR DIE STREUSEL:
150 g Marzipan-Rohmasse
150 g Weizenmehl, Type 405
100 g Butter, zimmerwarm
ca. 80 g Zucker
Zesten von 1 unbehandelten Zitrone
(Schale vorab unter fließend heißem Wasser abwaschen)

FÜR DAS OBST:
1 EL Puderzucker
1 kg Zwetschgen oder Pflaumen, gewaschen, halbiert und von den Steinen befreit
1–2 EL Marmelade, wahlweise Zwetschge, Aprikose oder Johannisbeere
1 Sternanis
½ TL Zimtpulver
Saft von 1 Zitrone
Saft von 1 Orange

AUSSERDEM:
1 Raspel, 1 mittelgroße Schüssel, 1 großer Topf, 1 mittelgroße Auflaufform

ZUBEREITUNG:
Für die Streusel das Marzipan grob raspeln oder mit der Hand krümeln und mit Mehl, Butter, Zucker und der Zitronenschale in einer mittelgroßen Schüssel zu groben Streuseln verarbeiten. Im Kühlschrank ca. 15 Minuten kühl stellen.

Den Backofen auf 200 Grad Ober-/Unterhitze oder 180 Grad Umluft vorheizen.

Einen großen Topf trocken, sprich ohne Inhalt, erhitzen. Den Puderzucker einstäuben und schmelzen lassen. Dabei darauf achten, dass der Zucker nicht schwarz wird, sonst wird alles bitter.

Die Zwetschgen dazugeben, und die Hitze auf mittlere Flamme reduzieren. Unter ständigem Rühren kurz anbraten. Nach 1–2 Minuten die Marmelade unterrühren und die Gewürze dazugeben. Mit Zitronen- und Orangensaft ablöschen. Die Hitze auf kleine Flamme reduzieren und die Zwetschgen ca. 10 Minuten köcheln lassen, bis sie weich sind.

Die Zwetschgen in eine mittelgroße Auflaufform geben. Die Streusel aus dem Kühlschrank nehmen und gleichmäßig über den Zwetschgen verteilen.

Den Crumble im Ofen auf der untersten Schiene ca. 30–35 Minuten goldgelb backen.

TIPP: Der Crumble schmeckt auch toll mit Vanilleeis und/oder Schlagsahne.

Danke, liebes Leben!

Kirsch-Tiramisu

Das Rezept zu diesem herrlich frischen Tiramisu hat meine Mutter für dieses Kochbuch beigesteuert. Allerdings bereitet sie es immer mit Äpfeln und nicht mit Kirschen zu. Im Grunde kannst du aber so ziemlich alle Früchte, die die Natur zu bieten hat, nehmen; auf meinen Achtsamkeitskochkursen haben wir auch schon, je nach Jahreszeit, mit gedünsteten Nektarinen, Pfirsichen und Zwetschgen experimentiert, und ausnahmslos alle Varianten haben sensationell geschmeckt.

Achtsames Kochen beinhaltet auch den achtsamen Umgang mit der Natur. Ein achtsamer Koch wird also immer versuchen, seine Küche nach den Jahreszeiten auszurichten und darauf zu achten, dass er regionale und wenn möglich biologisch einwandfreie Produkte verwendet. Deswegen gibt es bei meinen Kursen auch nur im Sommer Kirsch-Tiramisu, im Frühherbst Zwetschgen- und im Winter dann, aus den Lageräpfeln, Apfel-Tiramisu.

Falls du das Tiramisu auch mit unterschiedlichen Obstsorten ausprobieren möchtest, dann solltest du darauf achten, dass du bei hellen Früchten wie Äpfeln, Nektarinen oder Pfirsichen helle Marmeladensorten verwendest, wie zum Beispiel Aprikosen-, Orangen- oder Pfirsichmarmelade – und bei dunklem Obst entsprechend auf dunkle Marmelade oder Gelee zurückgreifst.

ZUBEREITUNGSZEIT:
ca. 30 Minuten

ABKÜHLZEIT FÜR DAS OBST:
ca. 20 Minuten

ZUTATEN:
1 TL Puderzucker
ca. 750 g Kirschen, gewaschen und entsteint
1 Zimtstange
Saft von ½ Zitrone
1 EL Sauerkirschmarmelade (oder eine andere dunkle, säuerliche Marmelade deiner Wahl, z. B. Johannisbeere)
500 ml Sauerkirschsaft
200 g Löffelbiskuit (40 Stück)
200 g Sahne
500 g Magerquark, 20 % Fett i. Tr.
1 Schuss Milch
3 Päckchen Vanillezucker
1–2 EL Zitronensaft
50 g Mandelblättchen, trocken in der Pfanne geröstet
1–2 TL flüssiger Honig

AUSSERDEM:
Kirschen-Entsteiner, 1 Topf, 3 Schüsseln,
1 mittelgroße Auflaufform, Rührgerät,
1 kleine beschichtete Pfanne zum Rösten der Mandelblättchen

ZUBEREITUNG:

Einen Topf trocken, sprich ohne Inhalt, auf dem Herd erhitzen. Wenn der Boden heiß ist, den Puderzucker einstäuben und schmelzen lassen. Vorsicht: Das geht sehr rasch! Der Puderzucker darf nicht dunkelbraun oder schwarz werden, sonst schmecken die Kirschen danach bitter. Die Kirschen dazugeben und gut umrühren. Zimtstange, Zitronensaft und Marmelade dazugeben und unterrühren.

Die Hitze auf kleine Flame reduzieren und die Kirschen bei geschlossenem Deckel und unter mehrmaligem Umrühren ca. 10 Minuten köcheln lassen, bis sie weich sind. Anschließend die Zimtstange entfernen und die Kirschen ca. 20 Minuten zum Abkühlen beiseitestellen.

Den Sauerkirschsaft in eine Schüssel füllen und die Hälfte der Löffelbiskuits portionsweise in den Saft legen, bis sie sich fast komplett vollgesogen haben. Den Boden einer Auflaufform mit den getränkten Löffelbiskuits auslegen.

Die Sahne steif schlagen und beiseitestellen.

Den Magerquark in eine zweite Schüssel geben und mit einem Schuss Milch, Vanillezucker und Zitronensaft zu einer cremigen Masse verrühren. Die Hälfte der Schlagsahne kräftig unterrühren, den Rest sachte unterziehen.

Einen Teil der Magerquarkcreme dünn über die Biskuits in der Auflaufform streichen. Dann die Kirschen gleichmäßig darüber verteilen. Erneut eine dünne Quarkcreme-Schicht über den Kirschen verstreichen und das Ganze mit einer Lage aus den restlichen Löffelbiskuits – vorab wieder kurz in Sauerkirschsaft eingeweicht – abdecken. Zum Schluss die restliche Quarkcreme großzügig darauf verteilen und glatt streichen.

Das Tiramisu zum Servieren mit gerösteten Mandelblättchen bestreuen und abschließend mit flüssigem Honig, in Fäden kreuz und quer darübergezogen, garnieren.

Bemerke den süßen Duft der Kirschen.

Eiscreme für die Seele

Diese Geschichte wurde mir zugetragen, als ich für ein paar Monate in einem kalifornischen Zenkloster als Küchenhilfe arbeitete. In Zenklöstern wird in der Küche grundsätzlich schweigend gearbeitet, aber in den Pausen bzw. nach der Ausgabe des Mittagessens sitzt man im Sommer oft mit den Kollegen unter einem schattigen Baum, um sich zu unterhalten und sich von der harten Arbeit ein bisschen auszuruhen.

In solch einem Kloster, wenn es denn für die breite Öffentlichkeit zugänglich ist, arbeiten und leben neben den Mönchen und Nonnen Menschen aus aller Herren Ländern. Die meisten kommen, genau wie ich auch, für einen gewissen Zeitraum als sogenannte Laien ins Kloster, um dort zur Ruhe zu kommen, ihre Meditationspraxis zu vertiefen und um achtsam zu arbeiten. Man lernt sich kennen, Freundschaften werden geknüpft, und in Ermangelung von Fernseher oder Internet erzählt man sich, zwischen den intensiven Schweige- und Meditationsphasen, inspirierende Geschichten, persönliche Anekdoten und Privates. »Eiscreme für die Seele« kursiert nun schon seit vielen Jahren in buddhistischen Kreisen, so dass die Urheberin der Geschichte, die hier in der Ich-Form erzählt, leider nicht mehr ausfindig zu machen ist:

Letzte Woche besuchte ich mit meinen Kindern ein Restaurant. Als unser Essen kam, bat ich meinen sechsjährigen Sohn, ein kleines Tischgebet zu sprechen. Wir fassten uns alle an den Händen, und Jim begann zu beten: »Gott ist gut. Gott ist großartig. Wir danken dir, lieber Gott, für das tolle Essen. Ich würde mich aber noch mehr über dich freuen, wenn Mama uns nach dem Essen ein großes Eis spendieren würde – Freiheit und Gerechtigkeit für alle! Amen.«

Wir brachen in schallendes Gelächter aus und wollten gerade zu essen beginnen, als ich vom Nachbartisch eine Frau sagen hörte: »Armes Land, in dem unsere Kinder nicht mehr wissen, wie man richtig betet, und Gott um Eiscreme anflehen. Beschämend ist das!« Jim, der die Worte der Tischnachbarin ebenfalls gehört hatte, brach in Tränen aus: »Mama, hab ich was Falsches gesagt? Mag mich Gott jetzt nicht mehr?« Ich nahm ihn in meine Arme und flüsterte in sein Ohr: »Zufällig weiß ich, dass Gott sehr glücklich über deine tollen Gebete ist!«

»Bist du dir sicher?«, wisperte Jim zurück, und ich nickte.

»Schade, dass die Frau den lieben Gott noch nie um ein Eis gebeten hat. Eiscreme ist manchmal richtig gut für die Seele!«, mischte sich plötzlich ein Herr ein und zwinkerte meinem Sohn verschwörerisch zu.

Jims Tränen versiegten, und wir begannen endlich zu essen. Selbstredend kaufte ich nach der ganzen Aufregung jedem meiner Kinder zum Nachtisch ein Eis. Als Jim aber seinen Eisbecher serviert bekam, tat er etwas, was ich für den Rest meines Lebens nicht vergessen werde. Er stand auf und balancierte seinen Becher vorsichtig an den Nachbartisch. Mit einem großen, gewinnenden Lächeln stellte er das Eis vor die verdutzte Frau und sagte: »Schau, das ist für dich. Manchmal ist Eiscreme gut für die Seele. Meiner Seele geht es heute sehr gut, du kannst also mein Eis für deine Seele haben!«

Achtsamkeit öffnet das Herz.

»Gepimptes« Vanilleeis mit Honigmandeln und Fleur de Sel

Um gutes Eis selbst herzustellen, braucht es in der Regel eine Eismaschine, aber ich besitze keine. Für die nachstehende Übung »Der Alien« wollte ich aber unbedingt ein Eisrezept im Buch haben, das auch ohne besagte Maschine funktioniert und das schnell und unkompliziert herzustellen und dennoch etwas Besonderes ist. Ich habe lange gesucht, mich erfolglos an Sorbets und Halbgefrorenem versucht, und dann servierte eine Freundin eines Abends im Rahmen einer kleinen Feier dieses Eis. Okay, im Grunde wird dabei nicht nur ein bisschen, sondern volle Kanne geschummelt, weil das Eis fertig aus der Packung kommt, aber das Ergebnis ist extrem lecker, und das ist schließlich die Hauptsache!
Solange du deine Gäste nicht anlügst und erzählst, dass du das Eis selbst gemacht hast, was wirklich gegen alle Regeln der Achtsamkeit verstoßen würde, ist es meines Erachtens vollkommen in Ordnung, mal in die Trickkiste zu greifen. Das Tolle an diesem Rezept ist übrigens, dass du es hundertfach abwandeln und dir immer wieder neue Kreationen überlegen kannst. Frei nach dem Zenspruch:

Ein Rezept weiß nichts über uns.
Es weiß nichts über den Gast, den wir erwarten.
Also kann es immer nur ein Hilfsmittel sein, ein Wegweiser für unsere eigene Kreativität.

So machen sich zum Beispiel bunte Smarties im Eis besonders gut bei einem Kindergeburtstag, oder du mixt gefrorene Beeren, in Orangensaft eingeweichte Rosinen oder geröstete Sesamsaat unter dein Vanilleeis. Ich selbst habe es auch schon mit einem Schuss Hochprozentigem wie Baileys in gekauftem Walnusseis oder mit selbstgemachtem Schlehenlikör in Kombination mit dunklen Schokoraspeln und selbstgemachtem Salzkaramell (siehe das Rezept für Salzkaramell-Käsekuchen, S. 154) in Schokoladeneis versucht – es hat immer sensationell geschmeckt!
Wenn du dein Eis achtsam genießen möchtest, dann rate ich dir, vor dem Verzehr die bereits erwähnte Alien-Übung, die du im Anschluss an dieses Rezept findest, durchzulesen. Mit einem waschechten Außerirdischen an der Seite macht das Eisschlecken noch mehr Spaß, das verspreche ich dir!

Das Rezept ist auf Vorrat ausgerichtet.

ZUBEREITUNGSZEIT:
ca. 15 Minuten

KÜHLZEITEN:
insgesamt ca. 2 Stunden 20 Minuten

ZUTATEN:
150 g Mandeln, ungeschält
2–3 TL Honig
1 l Vanilleeis (achte beim Einkauf auf beste Bio-Qualität!)
1 TL Fleur de Sel (wahlweise grobes Meersalz)

AUSSERDEM:
1 mittelgroße und 1 kleine Schüssel, 1 beschichtete Pfanne, Rührgerät mit Knethaken, Frischhaltefolie

TIPP: Mittlerweile bietet der Handel auch vegane Eissorten an.

Lasse das Eis langsam auf der Zunge zergehen.

ZUBEREITUNG:
Eine mittelgroße Schüssel für 1 Stunde in den Kühlschrank stellen.

Eine beschichtete Pfanne trocken, also ohne Inhalt, auf dem Herd erhitzen, die Mandelkerne dazugeben und 2–3 Minuten unter ständigem Rühren rösten.

Die Pfanne mitsamt den Mandeln vom Herd nehmen und den Honig dazugeben. Achtung: Der Honig wird sofort heiß. Zügig unterrühren, damit sich um alle Mandeln ein gleichmäßiger Honigfilm bilden kann. Anschließend die Honigmandeln für ca. 20 Minuten zum Auskühlen in eine kleine Schüssel geben.

Die kühlgestellte Schüssel aus dem Eisschrank holen. Das Vanilleeis aus dem Gefrierfach nehmen und in die gekühlte Schüssel geben. Leicht antauen lassen. (Die Eispackung ausspülen und nicht wegwerfen; sie wird noch gebraucht!)

Die Honigmandeln mit einem Messer in mehr oder weniger grobe Stücke hacken – je nachdem, wie fein du die Mandeln haben möchtest.

Mandeln und Fleur de Sel zum Eis geben und mit Hilfe eines Rührgeräts (Knethaken verwenden) gut untermengen. Das Eis zurück in die Packung füllen und mit Frischhaltefolie abdecken. Vor dem Verzehr für mindestens 1 Stunde zurück ins Gefrierfach stellen.

Übung: Der Alien

Diese Übung stammt, auch wenn sie auf den ersten Blick nicht sehr »buddhistisch« daherkommt, in ihrer ursprünglichen Fassung von dem amerikanischen Meditationslehrer James Baraz, unter dessen Anleitung ich vor vielen Jahren einen mehrwöchigen Achtsamkeits- und Meditationskurs absolviert habe. Ich habe sie für meine Kochkurse, und auch für dieses Buch, im Hinblick auf das achtsame Essen und Genießen leicht umgewandelt; ich hoffe, James verzeiht es mir.

Im Original erkundet der kleine Alien nämlich nicht Lebensmittel oder gekochte Leckereien, sondern den Prozess des Atems, also das Ein- und Ausatmen, denn auf seinem Heimatplaneten wird schlichtweg nicht auf herkömmliche Weise geatmet. Es gibt dort keine Atmosphäre und auch keinen Sauerstoff, wie wir das hier auf Erden kennen, doch das ist eine andere Geschichte. Im Rahmen dieser Übung lernt der Außerirdische jetzt jedenfalls zum ersten Mal Eiscreme kennen.

Für die Übung, die man auch super mit der ganzen Familie praktizieren kann, benötigst du also gekaufte oder selbstgemachte Eiscreme, egal, welcher Art, Geschmacksrichtung oder Konsistenz.

Bevor du dich jetzt gleich genüsslich ans Schlecken machst, stellst du dir kurz vor, dass gerade eben ein kleiner, süßer Außerirdischer neben dir gelandet ist. Vielleicht ist er mit seinem Ufo vom Kurs abgekommen, oder er wurde von seinen Artgenossen gezielt auf die Erde geschickt, um neue Dinge kennenzulernen. Man muss nämlich wissen, dass auf dem Heimatplaneten dieses Aliens nichts, wirklich rein gar nichts so ist wie bei uns. Die Wesen dort »atmen« zum Beispiel, wie du von James ja bereits weißt, ganz anders. Vielleicht handelt es sich ja um eine Art Wasserplanet, so dass alle dort Kiemen haben, oder sie ziehen während des Gehens ein uns Menschen fremdes Lebenselixier durch die nackten Fußsohlen aus dem Boden.

Auch die Nahrungsaufnahme gestaltet sich in diesem fernen Winkel des Universums ganz anders. Unsere kleinen Nachbarn filtern vermutlich Nährstoffe mit Hilfe ihrer Körperoberfläche oder eines speziellen Organs direkt aus der Umgebung. So fremd uns dieses kleine Wesen und seine Art zu leben ist, genauso fremd kommen wir ihm mit Sicherheit auch mit unseren ganz speziellen Eigenarten und Lebensformen vor.

Dieser kleine Alien ist jedoch furchtbar neugierig, und weil er selbst aufgrund seines fremdartigen Körperbaus nicht essen kann, will er von uns ganz genau wissen, was es damit auf sich hat. Er will unter anderem lernen, was Schmecken bedeutet und wie sich das Essen im Mund anfühlt. Er will erfahren, warum die meisten Menschen lächeln, wenn sie ein Eis essen, und ob die Kälte weh tut, wenn das Eis im Mund verschwindet.

So, ich hoffe, dein Eis ist mittlerweile noch nicht geschmolzen! Bevor es aber nun tatsächlich komplett zerronnen ist, schließe die Augen und schlecke los!
Während du das Eis nun langsam und schweigend genießt, löchert dich der kleine Kerl vom anderen Stern vielleicht mit folgenden Fragen: Wie schmeckt »süß« eigentlich – und welche Empfindungen löst die Süße im Körper aus? Fühlt sich »kalt« angenehm oder unangenehm an? Wie fühlt es sich an, wenn das Eis im Mund schmilzt? Mit welchen Worten kann man den Geschmack von Schokolade, Vanille, Erdbeere usw. noch beschreiben? Herb, nussig, blumig, fruchtig, säuerlich, frisch …? Schmeckt die Waffel – oder gar der Löffel! – anders als das Eis? Welche Unterschiede kannst du aufzählen? Ist knusprig angenehmer als geschmolzen – oder einfach nur anders? Beantworte all diese Fragen im Stillen, damit die anderen, die vielleicht gerade ebenfalls Eis essen und dabei dem Außerirdischen Rede und Antwort stehen, nicht gestört werden.

Wenn das Eis aufgefuttert ist, ist auch die Übung beendet. Unser kleiner Freund aus den unendlichen Weiten des Alls hat dir mit seiner Fragerei dabei geholfen, das Eis aufmerksam und bewusst zu essen. Diese Fragen – Wie schmeckt das eigentlich wirklich? Was nehme ich beim Essen wahr? Welche Farben sehe ich? Was rieche ich? Wie fühlt sich das an? Was empfinde ich? – ermöglichen es uns, tiefer in den gegenwärtigen Moment einzudringen und, so komisch es vielleicht klingen mag, uns selbst und auch das Eis besser zu verstehen. Wir lernen, aus was das Eis und auch alle anderen Lebensmittel, die wir auf die gleiche Weise achtsam untersuchen, bestehen, wie sie sich anfühlen und wie wir körperlich und emotional darauf reagieren.

Als ich diese Übung übrigens einmal während einem meiner Kurse schweigend mit den Gästen praktizierte – wir aßen kein Eis, sondern Trauben –, erzählte eine der Teilnehmerinnen hinterher: »Mein kleiner Alien hat mich dermaßen mit Fragen bombardiert und genervt, dass ich ihm gesagt habe, er soll gefälligst die Klappe halten und selbst probieren!«

BROT UND KUCHEN

Edwards achtsame Resteverwertung

Edward Espe Brown, mein berühmter Zenkoch aus Kalifornien, wurde bereits mehrfach in diesem Buch erwähnt. Ich hatte das große Glück, fünf Jahre in Folge als seine Assistentin im Buddhistischen Zentrum Scheibbs (Österreich) eng mit ihm zusammenarbeiten zu dürfen. In dieser Zeit sind wir neben Kollegen auch Freunde geworden. Edward kommt heute noch jedes Jahr nach Europa, um Achtsamkeit in der Küche und Zenmeditation im Allgemeinen zu unterrichten.

Schon am ersten Tag unserer Zusammenarbeit fiel mir auf, wie sorgfältig, ja fast schon liebevoll Edward mit den Lebensmitteln umging. Wir bereiteten am Morgen des jeweiligen Kurstages, der mit 27 Leuten voll ausgebucht war, die Zutaten für das gemeinsame Kochen vor. Reis wurde gewaschen, Hülsenfrüchte wurden für eine schmackhafte Suppe in eine große Schüssel mit Wasser zum Einweichen gegeben, Gemüse und Salat mussten aus der Speisekammer für die spätere Weiterverarbeitung geholt werden, und kleine Schälchen mit Salz, Pfeffer und anderen Gewürzen wurden griffbereit neben dem großen Gasherd plaziert. Ich wunderte mich, dass Edward darauf bestand, dass auch in der Mitte der großen hölzernen Arbeitsplatte zusätzlich kleine Schalen ohne jeglichen Inhalt aufgestellt wurden; in meinen Augen ergab dies keinen Sinn, sondern nahm uns wertvollen Platz weg, den wir fürs Gemüseschneiden hätten brauchen können.

Doch im Laufe des Kurses offenbarte sich sehr schnell der Zweck der leeren Schüsselchen: Jedes verloren gegangene Salzkörnchen, jedes Pfefferkorn, jede Bohne, ja, jeder einzelne Krümel und jedes Fitzelchen Gemüse wurden von Edward liebevoll von der Arbeitsfläche gepickt und in eines dieser Gefäße gelegt – oder gleich verkocht. Am Ende des jeweiligen Kurstages packte er dann die Dinge, für die er keine Verwendung hatte finden können, sorgfältig zurück in ihre Verpackungen, damit sie ein andermal wieder zum Einsatz kommen konnten.

In der Regel schnippelten und schnitten alle Kurteilnehmer unter Edwards Adleraugen das Gemüse und sämtliche anderen Zutaten für die gemeinsamen Mahlzeiten, doch manchmal trug er mir schon vor Kursbeginn ein paar Extraarbeiten auf. Dann stand ich alleine in der Küche, um beispielsweise kiloweise Lauch zu putzen und in feine Ringe zu schneiden oder um die Petersilie aus dem Garten zu waschen und die verwelkten Stengel vorab auszusondern. Nach getaner Arbeit erschien Edward meist »zufällig« in der Küche, um sich seinen geliebten Espresso zu machen. Während er darauf wartete, dass die Es-

pressokanne auf dem Herd zu zischen und zu blubbern begann, durchsuchte er wie ein Trüffelschwein die kleine Biotonne, in die ich meine Abfälle geworfen hatte. Mit triumphierendem Lächeln förderte er dann dunkelgrüne Lauchenden und nur leicht schlaffe Petersilienstengel zutage, um sie mit einem freundlichen Lächeln zurück auf mein Arbeitsbrett zu legen.
Dabei sagte er meist leicht verschmitzt auf Englisch zu mir: »Wäre es nicht traurig, wenn dieses Gemüse nicht zu den anderen in den Kochtopf dürfte, nur weil es nicht mehr so schön ist oder weil wir denken, dass es in der Suppe nichts verloren hat?« Dann küsste er jedes Mal meine Stirn und schlurfte, die Espressotasse in der Hand, kichernd aus der Küche.

Am letzten Tag der meist einwöchigen Kurse stand immer Edwards berühmte Restesuppe auf dem Speiseplan. Als ich und unsere Gäste im ersten Jahr dabei zusahen, was so alles aus dem Kühlschrank in besagte Suppe wanderte, weigerte ich mich im zweiten Jahr, Edward beim Kochen derselben zu helfen, geschweige denn davon zu kosten. Im dritten Jahr beschloss ich, schon vorab manche Dinge, wie zum Beispiel das alte, stinkende Spargelwasser vom ersten Kurstag oder die Lake, in der für gewöhnlich abgepackter Mozzarellakäse schwimmt, heimlich eigenhändig zu entsorgen. Es gelang mir manchmal, ohne dass mein Meister Wind davon bekam. Trotzdem sah ich noch das eine oder andere Stück Schokoladenkuchen (!) von Tag drei und die gekochte Hirse von Tag vier in den Fluten der Suppe verschwinden, um dann mit Hilfe eines Pürierstabes zur Unkenntlichkeit zerkleinert zu werden.
Später dann, als wir uns alle ein letztes Mal im Speisesaal zu Tisch begaben, um den Kurs mit Edwards waghalsiger Restesuppe abzuschließen, beäugte ich etwas ängstlich die braunrote Flüssigkeit im Teller vor mir, dann tauchte ich beherzt meinen Löffel hinein, um mit spitzen Lippen zu probieren – und siehe da, die Suppe schmeckte richtig gut! Meine Vorfreude auf Edwards Kreativsuppen in den darauffolgenden Jahren hielt sich aber dennoch in Grenzen.

In jedem kleinen Salzkorn steckt das ganze Universum.

Vegan leben

In manchen buddhistischen Klöstern wird strikt vegetarisch gekocht und gebacken, in einigen sogar streng vegan. Andere Traditionen hingegen verzichten weder auf Fleisch noch auf Alkohol. Nach Auffassung einiger tibetischer Richtungen erden Fleisch und Alkohol, in Maßen natürlich, den Geist und helfen ihm somit, nicht »abzuheben« und sich in den Weiten des inneren Raums zu verlieren. Zudem sind manche Meditationspraktiken, dazu gehören auch die Niederwerfungen im tibetischen Buddhismus, körperlich so anstrengend, dass Fleisch, Eier und Milchprodukte im Speiseplan ausdrücklich erwünscht sind. Vegan zu leben ist ein wunderbarer Trend, dem sich in den letzten Jahren immer mehr Menschen angeschlossen haben. Sich vegan zu ernähren bedeutet, dass wir nicht nur das Leben der Tiere an sich schützen und dadurch wertschätzen, sondern dass wir mit den Lebensumständen unserer tierischen Mitgeschöpfe generell achtsamer umgehen. Eine bewusste und verantwortungsvolle Lebensführung unsererseits mindert das Leiden anderer Lebewesen.

Warum ich erst jetzt, gegen Ende des Buches, auf die vegane Lebensweise zu sprechen komme, hat einen ganz bestimmten Grund: Du wirst im Backteil leider kein einziges veganes Rezept finden. Und der Grund dafür ist wiederum recht einfach: Ich bin schlichtweg nicht gut darin, vegan zu backen.

Ich habe an anderer Stelle schon erwähnt, dass ich einmal (siehe das Rezept Kartoffel-Brunnenkresse-Strudel, S. 93) als Seminarköchin in einem tibetisch orientierten Meditationszentrum gearbeitet habe. Dort stand ausnahmslos alles, also auch Fleisch und Milchprodukte, auf dem Ernährungsplan – aber auch dort wurden Achtsamkeit und Mitgefühl selbstverständlich ganz groß geschrieben. Alle Lebensmittel, die ich zu verarbeiten hatte, wurden täglich vorab in einer Zeremonie feierlich geweiht. Den Tieren, die ihr Leben und ihre »Produkte« für die spirituelle Praxis der Meditierenden gegeben hatten, wurde auf diese Weise gedankt und großer Respekt gezollt.

Achtsames Kochen und Backen hat also nicht in erster Linie damit zu tun, dass wir nur bestimmte, ethisch vertretbare Nahrungsmittel verwenden und andere aus genau diesen Gründen vielleicht nicht. Der achtsame Koch bzw. die achtsame Köchin behandelt jedes Lebensmittel, jede Frucht, jedes Ei und jedes einzelne Produkt, das in der Küche verarbeitet wird, ausnahmslos gleich und mit der größtmöglichen Sorgfalt. Dadurch wird dem gesamten Universum mit seinen unendlichen Facetten Respekt gezollt. Durch das Praktizieren von Achtsamkeit in der Küche wie im Alltag wachsen Weisheit und Mitgefühl, die die Basis schlechthin für klare Entscheidungen zum Wohle aller fühlenden Wesen bilden.

Schnelle Cranberry-Knusperschnitten

Viele Menschen denken, dass Achtsamkeit und Schnelligkeit einander grundsätzlich ausschließen; immer wieder höre ich auf den Achtsamkeitskochkursen von meinen Gästen die Meinung, dass Achtsamkeit grundsätzlich mit Langsamkeit gleichzusetzen ist, denn nur so kann man entschleunigen, sich besser konzentrieren und das aufgewühlte, von Gedanken geplagte Innenleben zur Ruhe bringen. Nun, in gewissem Sinne stimmt das auch, denn je langsamer wir mit Hilfe der Achtsamkeitspraxis werden, desto konzentrierter und fokussierter wird der Geist, und der innere Stresspegel sinkt dadurch tatsächlich erheblich. Aber er sinkt auch, wenn wir ein bisschen schneller unterwegs sind, denn egal, ob wir die alltäglichen Dinge nun langsam oder in einem etwas zügigeren Tempo verrichten, die Hauptsache ist, dass wir uns dabei stets bewusst sind, was wir da gerade tun, und uns nicht gedanklich in der Zukunft oder in der Vergangenheit verlieren. Unsere Cranberry-Knusperschnitten sind also schnell zusammengerührt, und dennoch bemühen wir uns, jeden Arbeitsschritt achtsam und sorgfältig auszuführen.

ZUBEREITUNGSZEIT:
ca. 15 Minuten

BACKZEIT:
ca. 45 Minuten

ZUTATEN:
200 g feiner Backzucker
350 g Weizenmehl, Type 405
1 TL Backpulver
1 Prise Salz
Saft und Zesten von 2 unbehandelten Limetten (Schale zuvor unter fließend heißem Wasser abwaschen), den Saft beiseitestellen
220 g kalte Butter, in dünne Scheibchen geschnitten
1 Ei (Größe M)
100 g Rohrzucker, 1 EL davon beiseitestellen
3 gehäufte EL Speisestärke
Mark von ½ Vanilleschote
750 g Cranberrys (wahlweise Blau-, sprich Heidelbeeren), gewaschen, ca. 15–20 Stück in einer kleinen Schüssel beiseitestellen
2 EL Haferflocken
1 EL Sonnenblumenkerne
1 TL Leinsamen
3 EL Kokosraspeln

AUSSERDEM:
1 große und 1 mittelgroße Schüssel, Rührgerät mit Knethaken, 1 große Auflaufform, ca. 1 EL Sonnenblumenöl und Pinsel zum Einfetten der Form

ZUBEREITUNG:
Den Backofen auf 200 Grad Ober-/Unterhitze oder ca. 180 Grad Umluft vorheizen. Backzucker, Mehl, Backpulver, 1 Prise Salz und Limettenzesten in einer großen Schüssel gut miteinander vermengen. Butter und Ei mit dem Rührgerät (Knethaken) unterrühren, bis eine krümelige Streuselmasse entstanden ist.

Die Hälfte der Streuselmasse in die mit Öl eingefettete Auflaufform geben und gut festdrücken, so dass ein homogener Boden entsteht. Den Rest der Streusel beiseitestellen.

In einer mittelgroßen Schüssel Rohrzucker, Speisestärke, Limettensaft und Vanillemark gut miteinander verrühren, dann die Cranberrys untermischen.

Die Cranberrys auf den Streuselboden in der Auflaufform geben und gleichmäßig verteilen.

Zum Rest der Streuselmasse Haferflocken, Sonnenblumenkerne, Leinsamen und Kokosraspeln geben und alles gut vermischen. Die Masse gleichmäßig auf die Cranberrys geben.

Zum Schluss die restlichen 15–20 Cranberrys obenauf verteilen und mit dem beiseitegestellten Rest des Rohrzuckers gleichmäßig bestreuen. Auf mittlerer Schiene ca. 45 Minuten backen, bis die Oberfläche eine goldbraune Farbe angenommen hat.

Den Kuchen in der Form abkühlen lassen und zum Servieren in Rechtecke schneiden.

TIPP: Am besten schmecken die Schnitten, wenn du sie nach dem Abkühlen mindestens für einen Tag in einem luftdichten Behälter aufbewahrst, dann ziehen sie richtig gut durch.

Lauwarmer Schokoladen-Krokant-Kuchen mit Maracujasoße

Das Schöne am Schreiben von Kochbüchern ist nicht nur das Kreieren von neuen Rezepten, sondern auch der Kontakt mit anderen Menschen, denn meistens landen in solch einem Buch nicht nur eigene Rezepte, sondern auch die Lieblingsrezepte von Familienmitgliedern und Freunden. Manchmal, wie in diesem Fall, starte ich auch »Hilferufe« im Internet. Ich wollte ein besonders leckeres Schokoladenkuchen-Rezept und hatte keines in meinem eigenen Repertoire. Die Antwort kam von einer entfernten Bekannten via Facebook, und obwohl wir beide uns bis dato nur ein-, zweimal in natura getroffen haben, wuchs durch die gemeinsame Freude am Ausprobieren dieses Kuchenrezepts eine herzliche Form der Verbundenheit.

Die Freude am Geben und Teilen, und sei es »nur« ein Rezept, und das Gefühl von Verbundenheit sind natürliche Früchte von gelebter Achtsamkeit.

ZUBEREITUNGSZEIT:
ca. 35 Minuten

BACKZEIT:
ca. 40 Minuten

ABKÜHLZEIT:
ca. 10 Minuten

**ZUTATEN
FÜR DEN KUCHEN:**
6 Eiweiße (Größe L)
200 g feiner Backzucker
1 Päckchen Vanillezucker
50 g Weizenmehl, Type 405
1 TL Backpulver
200 g gemahlene Mandeln
50 g Krokant, fein gemahlen
50 g Amarettini, fein gemahlen
120 g Butter
200 g dunkle Orangen-Schokolade, 70 % Kakaoanteil
evtl. Puderzucker zum Bestäuben

FÜR DIE SOSSE
(reicht für 2 Stück Kuchen):
1 Maracuja
2 EL Crème fraîche
1 Prise Vanillezucker

AUSSERDEM:
1 runde Kuchenform (26 cm Durchmesser), Butter zum Einfetten der Form, Mixer, 1 große, 1 mittelgroße und 2 kleine Schüsseln, Rührgerät, 1 kleiner Topf, Gummispatel, 1 Holzstäbchen für Stäbchenprobe

ZUBEREITUNG:

Den Backofen auf 180 Grad Ober-/Unterhitze oder 150 Grad Umluft vorheizen. Die Kuchenform mit Butter einfetten.

Das Eiweiß in einer mittelgroßen Schüssel mit Zucker und Vanillezucker in ca. 10 Minuten zu weichen Spitzen schlagen. Beiseitestellen.

Mehl, Backpulver, gemahlene Mandeln, Krokant und Amarettini in eine große Schüssel geben und vermischen.

Einen kleinen Topf zur Hälfte mit Wasser füllen und erhitzen. Butter und Schokolade in eine kleine Schüssel geben und im Wasserbad schmelzen.

Den Eischnee sorgfältig unter die Mehl-Mandel-Krokant-Mischung heben. Geschmolzene Butter und Schokolade noch einmal gut verrühren, dann ebenfalls unter die Krokantmischung heben. Die Masse in die ausgefettete Kuchenform geben und im Backrohr auf mittlerer Schiene zunächst 30 Minuten backen. Stäbchenprobe machen und gegebenenfalls weitere 10 Minuten backen.

Den fertigen Kuchen in der Form leicht (ca. 10 Minuten) abkühlen lassen, dann eventuell mit Puderzucker bestäuben. Das Fruchtfleisch der Maracuja mit Crème fraîche und Vanillezucker in einer kleinen Schüssel miteinander verrühren und zum Servieren portionsweise über die noch lauwarmen Kuchenstücke geben.

TIPPS: Eine besondere Note bekommt der Kuchen, wenn du zum Eischnee noch eine Prise frisch geriebene Tonkabohne gibst. Getrocknete Tonkabohnen bekommst du in gut sortierten Bioläden.

Der Kuchen schmeckt auch abgekühlt sehr gut.

Statt der Maracujasoße kannst du auch Schlagsahne servieren.

Nicht nur Schokolade, sondern auch Achtsamkeit macht glücklich.

Geburtstagskuchen von Mama – Saftiger Zitronenkuchen mit Schokoguss

Um es gleich vorwegzunehmen: Dieser schlichte Kuchen ist auf den ersten Blick wirklich nichts Besonderes, aber für mich persönlich ist er ein Sinnbild von Liebe und Geborgenheit, denn er ist mit ganz bestimmten Erinnerungen verknüpft.

Da ist zum einen natürlich mein Geburtstag, an dem es immer diesen Kuchen gab. Ich erinnere mich daran, wie jedes Jahr, am Vortag meines Wiegenfestes, das ganze Haus danach duftete – und daran, dass meine Schwester und ich jeweils einen der Rührklöppel in die Hand gedrückt bekamen, damit wir den rohen Teig ablecken konnten. Das schmeckte himmlisch. Ich erinnere mich an die roten Wangen meiner Mutter beim Vorbereiten der Feier. Ich habe im Fasching, also in der Karnevalszeit Geburtstag. Jedes Jahr durfte ich eine rauschende Faschingsparty ausrichten, deren Höhepunkt das Auspusten der Kerzen auf meinem Geburtstagskuchen war.

Als ich nun den Kuchen für dieses Buch zur Probe backte, fielen mir all diese schönen Momente wieder ein – und selbstverständlich naschte ich nach dem Rühren noch ein bisschen was vom Teig, bevor der Kuchen endgültig im Rohr backen durfte! Ich gab mir Mühe, die Liebe, die meine Mama für mich empfand und heute noch empfindet, mit jeder Zutat in den Kuchen hineinzugeben, und es ist mir auch fast gelungen. Aber ganz ehrlich: Mamas Geburtstagskuchen muss von der Mama selbst gebacken sein, nur dann schmeckt er so unvergleichlich gut wie damals.

Um den Geschmack eines original Zitronenkuchens mit Schokoguss aus den siebziger Jahren richtig hinzubekommen, habe ich mich für eine fertige Kuvertüre aus der Packung, die man nur im Wasserbad erhitzen muss, entschieden. »Achtsamkeit schließt alles mit ein«, sagen die großen buddhistischen Meister, und ich gehe davon aus, dass sie damit auch das achtsame Arbeiten mit Fertigprodukten meinen. Ich bin jedenfalls dem Hersteller sehr dankbar, denn er ermöglicht es mir, mit Hilfe seiner Kuvertüre hin und wieder eine Reise zurück in meine Kindheit antreten zu können.

ZUBEREITUNGSZEIT:
30 Minuten

BACKZEIT:
ca. 60 Minuten

ZUTATEN:
200 g Butter, zimmerwarm (am besten schon am Vorabend aus dem Kühlschrank nehmen)
4 Eier (Größe L)
200 g feiner Backzucker
125 g Weizenmehl, Type 405
100 g Speisestärke
1 TL Backpulver
Saft von 1 Zitrone
Abrieb von 2 unbehandelten Zitronen (Schale vorab unter fließend heißem Wasser abwaschen)
125–150 g Schokoladenkuvertüre (je nach Hersteller)

AUSSERDEM:
1 große Schüssel, Rührgerät, 1 kleine Kastenform (25 cm Länge), Butter zum Einfetten der Form, 1 Holzstäbchen für die Stäbchenprobe, 1 kleiner Topf, 1 kleine Schüssel, Küchenpinsel

ZUBEREITUNG:
Den Backofen auf ca. 170 Grad Ober-/Unterhitze oder ca. 150 Grad Umluft vorheizen.
Die Butter in eine große Schüssel geben und mit dem Rührgerät cremig schlagen. Die Eier einzeln zugeben und alles zu einer homogenen Masse rühren. Dann den Zucker hinzufügen und untermixen. Mehl, Stärke und Backpulver unterrühren. Zum Schluss Zitronensaft und geriebene Zitronenschale dazugeben und verrühren.
Die Kastenform mit Butter einfetten. Die Teigmasse einfüllen und den Kuchen auf mittlerer Schiene ca. 60 Minuten im Ofen backen, bis seine Oberfläche goldgelb ist. Stäbchenprobe machen: Der Kuchen ist fertig, wenn keine Teigreste mehr am Holz des Stäbchens kleben. Den Kuchen aus dem Ofen nehmen und in der Form leicht auskühlen lassen.
Den abgekühlten Kuchen auf eine Platte stürzen.
In einem kleinen Topf Wasser erhitzen und die Schokoladenkuvertüre nach Packungsanweisung im Wasserbad schmelzen (ca. 15–20 Minuten). Den Schokoguss gleichmäßig mit einem Küchenpinsel auf dem Kuchen verteilen. Abkühlen lassen, bis die Glasur fest ist.

Wenn ich esse, dann esse ich.

Luzy im Fantasia-Land

Vom Geburtstags-Zitronenkuchen meiner Mutter kann ich echt nicht genug bekommen, und deswegen überesse ich mich auch alle Jahre wieder daran. Einmal angefangen, kann ich einfach nicht mehr aufhören, bis ich schließlich Bauchweh bekomme. Vor vielen Jahren habe ich auf einem Meditationskurs in Amerika einen interessanten Denkanstoß von meinem damaligen Lehrer in Sachen »Lieblingsessen« bekommen. Ich erzählte ihm, dass ich mich bei manchen Dingen schwer zügeln kann, und fragte ihn, wie ich damit umgehen soll. Er erinnerte mich daran, dass alles – selbst das tollste Essen, der schönste sonnige Tag oder auch die innigste Liebesnacht – irgendwann ins Gegenteil umschlagen würde, wenn es ewig andauerte. Er bat mich, mir vorzustellen, dass es von nun an nur noch mein Lieblingsessen und nichts anderes mehr geben würde. Wann würde mir schlecht werden? Zu welchem Zeitpunkt würde sich die Gier nach mehr in totale Ablehnung verwandeln? Bereits nach den ersten fünf Stücken meines Geburtstagskuchens, nach einem ganzen Kuchen oder erst beim dritten?

Meine Freundin Jasmin hat mir vor ein paar Jahren folgende Geschichte dazu erzählt. Jasmin war damals die Zuckerbäckerin in unserem kleinen Café, und wir arbeiteten oft zusammen. Dabei stand ich am Herd, um das Mittagessen für unsere Gäste vorzubereiten, während sie damit beschäftigt war, Unmengen von Kuchen und Tartes für die Kuchentheke zu zaubern. Während jede für sich ihre Arbeit erledigte, unterhielten wir uns natürlich immer angeregt. Wir erzählten uns Geschichten und Anekdoten aus unseren Leben, und so erfuhr ich eines Tages auch von Luzy, Jasmins bester Freundin aus Kindertagen. Die Geschichte ist so unglaublich lustig, dass ich mir damals schon vornahm, sie eines Tages in einem Buch niederzuschreiben – und jetzt ist es endlich so weit!

Eines Tages beschlossen Luzy und Jasmin, im Garten von Luzys Eltern zu zelten. Die zwei kleinen Mädchen hatten lange um dieses Abenteuer betteln müssen, schließlich waren sie erst acht und neun Jahre alt, aber dann wurde es ihnen an einem lauen Sommertag endlich erlaubt. Die beiden plünderten ihre Sparschweine und zogen los, um im nahe gelegenen Supermarkt noch Proviant für die Nacht einzukaufen, denn sie wollten lange aufbleiben und sich Gruselgeschichten erzählen. Im Einkaufskorb landeten, wie sollte es auch anders sein, ausschließlich Süßigkeiten. Luzy liebte Gummibären aller Art, und so kauften sie, neben ein paar Schokoriegeln, mehrere Tüten mit phantastischen Gummitieren, die gerade im Sonderangebot waren. Luzy konnte es kaum erwarten, sich an den bunten Vampiren, den kleinen schwarz-roten Teufelchen und an den leckeren grünen Fröschen mit ihren weißen Schaumbäuchen gütlich zu tun.

Zurück im Zelt, machten es sich die Freundinnen gemütlich. Sie schlüpften in ihre Schlafsäcke und leerten alle Tüten in ihrer Mitte des Zelts aus, so dass ein großer Gummitier-Berg zwischen ihnen aufragte. Dann warteten sie kichernd auf die Nacht, ließen das Licht ihrer Taschenlampen in der Dämmerung über die Zeltwände huschen und gruselten sich dabei gegenseitig. Zunächst war das ein Heidenspaß, und Jasmin, die die meiste Zeit über ihre selbst ausgedachten Gespenstergeschichten zum Besten gab, bemerkte anfangs gar nicht, dass der Gummitier-Berg immer kleiner wurde, obwohl sie selbst kaum davon aß. Irgendwann begann sie sich zu wundern, warum Luzy neben ihr so still geworden war. Sie leuchtete mit ihrer Taschenlampe direkt in das Gesicht der Freundin und erschrak. Luzy war ganz bleich, ja fast blau um die Nase, sie stöhnte und atmete schwer; die Gummitiere waren bis auf ein paar wenige komplett verschwunden.

Jasmin schälte sich eilig aus ihrem Schlafsack, lief zum Haus und klingelte Luzys Eltern aus dem Schlaf. Dann ging alles sehr schnell. Jasmin wurde von ihren Eltern abgeholt, während Luzy mit ihrem Vater und ihrer Mutter schon auf dem Weg ins Krankenhaus war. Dort wurde das Mädchen zunächst untersucht und geröntgt, dann wurde ihr der Magen ausgepumpt. Als der behandelnde Arzt den wartenden Eltern die frohe Botschaft überbrachte, dass ihr kleines Mädchen alles gut überstanden hatte, brachte er das Röntgenbild von Luzys Magen mit ins Wartezimmer – mit der ungewöhnlichen Bitte, sich für seine »Privatsammlung« eine Kopie ziehen zu dürfen. Auf dem Bild waren Unmengen von unversehrten Phantasie-Gummitieren zu sehen. Dicht gedrängt bevölkerten sie den überdehnten Magen, und manche von ihnen schienen direkt in die Kamera des Röntgengeräts zu blicken. Luzy hatte sie alle in einem Stück, ohne zu beißen oder zu kauen, hinuntergeschluckt.

Natürlich hatte das Ganze auch noch ein Nachspiel für die arme Luzy: Sie wurde sechs Monate lang auf Süßigkeitenentzug gesetzt. Jasmin verzichtete während dieser Zeit aus Solidarität mit ihrer besten Freundin ebenfalls auf alles Süße. Das gemeinsame Zelten wurde später noch mal nachgeholt, dann allerdings, sehr zum Leidwesen der beiden, mit Obst und anderen gesunden Leckereien.

Salzkaramell-Käsekuchen mit selbstgemachtem Karamell und aprikotisierten Birnen

Dieses Rezept stammt in seiner Urfassung von Virginia (Jeanny) Horstmann, deren wunderbarer Blog »Zucker, Zimt und Liebe« eine stete Quelle der Inspiration für mich ist. Allerdings habe ich für unseren Kuchen hier das eine oder andere abgeändert. So habe ich beispielsweise die Menge an Zucker im Rezept deutlich reduziert, dem Boden gemahlene Haselnüsse hinzugefügt, selbstgemachtes Salzkaramell – statt fertigen Karamellaufstrich – verwendet und Jeannys Erdbeeren durch gedünstete und aprikotisierte Birnen ersetzt. Die Backfee von »Zucker, Zimt und Liebe« möge es mir verzeihen.

Wichtig: Dieser Kuchen braucht etwas Zeit, denn du musst zwischendurch den Keksboden eine Stunde lang im Kühlschrank kühl stellen – den Tipp hat mir ein befreundeter Koch verraten. Dadurch weicht der Boden später beim Backen nicht durch und bleibt knusprig. Außerdem braucht der fertige Kuchen noch ein bisschen Ruhezeit, bevor er gegessen werden kann. Aber der Zeitaufwand lohnt sich, das verspreche ich dir!

Als ich den Kuchen für dieses Buch zum x-ten Mal nachbackte, wurde in dem Wohnhaus, in dem ich lebe, gerade umgebaut. Bereits seit Wochen arbeiteten mehrere Männer eine Etage tiefer mit Bohrmaschinen und anderem schwerem Gerät. Der Lärm war mitunter unerträglich, und bei uns Bewohnern lagen die Nerven oft blank.

Am Tag des Kuchenbackens begleitete mich also wieder einmal eine Kakophonie aus unangenehmen Geräuschen, und ich bemerkte, wie sich – einmal mehr – großer Ärger in mir aufstaute. Zudem hing plötzlich unten im Eingangsbereich ein Zettel, dass der Strom an diesem Tag wegen der Bauarbeiten für vier Stunden abgestellt werde. Eine genaue Uhrzeit stand nicht dabei, es konnte also sein, dass meinem Karamellkuchen ohne Vorwarnung von jetzt auf gleich der Saft abgedreht wurde, während er im Backofen vielleicht gerade langsam vor sich hin buk. Ich bemerkte, wie ich mich immer mehr in die Sache hineinsteigerte und mich mit jedem Hammerschlag von unten der Zorn in Wellen übermannte.

Ich beschloss, nach unten zu gehen, um die Bauarbeiter zur Rede zu stellen. Ich wollte ihnen sagen, dass ich schließlich professionelle Köchin sei und beruflich auf Strom für meinen Herd angewiesen war. Ich wollte ihnen gehörig den Marsch blasen. Angefüllt mit Selbstgerechtigkeit, erschien ich schließlich auf der Baustelle.

»Entschuldigung«, sagte ich mühsam und mir mit zusammengepressten Zähnen ein Lächeln abringend, »ich backe da oben gerade einen Kuchen. Sie dürfen mir also auf keinen Fall den Strom abdrehen!« Ich holte tief Luft, um zu erklären, wie wichtig meine Arbeit doch sei, da unterbrach mich einer der Männer. »Wir haben uns schon gedacht, dass Sie backen, im Flur riecht es nämlich so lecker. Wir wollten eh bei Ihnen vorbeikommen, um zu fragen, wann wir abstellen dürfen. Schließlich wollen wir Ihnen Ihren Kuchen nicht verderben. Es tut uns sehr leid, dass wir Ihnen so viel Lärm und Umstände bereiten!«

Mittlerweile standen alle Bauarbeiter um mich herum. Sie lachten und scherzten mit mir, und schließlich versprach ich ihnen, den fertigen Kuchen nach unten zu bringen, damit wir ihn gemeinsam verkosten konnten.

Seit diesem Tag war das Eis, das ja eigentlich nur in meiner Vorstellung existiert hatte, zwischen uns gebrochen, und da ich nun die Menschen »hinter dem Lärm« kannte und mit ihnen gemeinsam Kuchen gegessen hatte, war auch plötzlich das Bohren und Hämmern nicht mehr ganz so schlimm. Das Fazit dieser Geschichte: Auch eine gelernte Achtsamkeitsköchin kann noch einiges in Sachen Mitgefühl dazulernen! Wir Menschen gehen viel zu oft davon aus, dass sich alles nur um uns selbst, um unsere Befindlichkeiten und um unser persönliches Wohlergehen dreht. Wenn wir aber anfangen, zu kommunizieren und uns auszutauschen, dann sehen wir, dass um uns herum ebenfalls fühlende Lebewesen mit ihren eigenen, aber dennoch sehr ähnlichen Bedürfnissen sind, und wir beginnen zu erkennen, wie wichtig es ist, sich darüber auszutauschen, um Vorurteile abzubauen und voneinander zu lernen.

Die Praxis von Achtsamkeit ist stets sanft und nährend.

ZUBEREITUNGSZEIT:
insgesamt ca. 40 Minuten

KÜHLZEITEN:
insgesamt ca. 1 Stunde 45 Minuten

BACKZEITEN:
insgesamt ca. 1 Stunde 35 Minuten

ZUTATEN
FÜR DAS SALZKARAMELL:
100 g Backzucker (der ist feiner als herkömmlicher Zucker)
60 g Sahne
¼ TL Fleur de Sel
50 g kalte Butter

FÜR DEN KUCHENBODEN:
120 g Butter
100 g Butterkekse, fein gemahlen
50 g Haselnüsse, fein gemahlen

FÜR DIE FÜLLUNG:
4 Eier (Größe L)
200 g Zucker
900 g Doppelrahm-Frischkäse
3 EL Salzkaramell (siehe oben)

FÜR DIE BIRNEN:
ca. ½ TL Puderzucker
10 g Butter
1 große Birne, gewaschen, vom Kerngehäuse befreit und in dünne, längliche Spalten geschnitten
2 EL Aprikosenmarmelade

AUSSERDEM:
1 große, hochwandige und 1 kleine beschichtete Pfanne, Holzkochlöffel, 1 kleiner Topf, Mörser oder Mixer zum Mahlen, 1 mittelgroße und 1 große Schüssel, 1 Springform (Durchmesser 26 cm), Backpapier, Rührgerät, 1 kleine feuerfeste Schüssel (oder 1 kleiner Topf) mit Wasser gefüllt

ZUBEREITUNG:

Zuerst das Salzkaramell zubereiten: Den Backzucker in eine große beschichtete Pfanne geben und bei mittlerer Temperatur schmelzen. Beginnt der Zucker zu schmelzen, beginnst du, mit gleichmäßigen Bewegungen die Masse umzurühren – dabei die Hitze auf kleine Flamme reduzieren. Nicht erschrecken, wenn sich die Masse dunkel färbt; einfach immer weiterrühren.

Haben sich alle Zuckerkörnchen aufgelöst, langsam die Sahne untermischen, dann erst das Salz.

Die Pfanne vom Herd nehmen und die Butter einrühren. Die Masse noch heiß in ein steriles Glas (mit passendem Deckel) füllen und offen auskühlen lassen. Gut verschlossen hält sich das Karamell ca. 3 Wochen im Kühlschrank.

Während das Salzkaramell abkühlt, den Boden für den Käsekuchen vorbereiten. Die Butter in einem kleinen Topf auf dem Herd bei mittlerer Hitze schmelzen.

Die gemahlenen Butterkekse und Haselnüsse in einer mittelgroßen Schüssel miteinander vermengen. Dann die geschmolzene Butter hinzugeben und alles vermischen.

Den Boden einer Springform mit Backpapier auslegen und die Keks-Nuss-Masse darauf gleichmäßig verteilen und festdrücken. Die Form mit dem Boden für ca. 1 Stunde im Kühlschrank kalt stellen.

Ist der Boden gut gekühlt, den Backofen auf 175 Grad Ober-/Unterhitze (keine Umluft!) vorheizen. Den Boden 15 Minuten auf mittlerer Schiene backen. Die Form aus dem Ofen nehmen und die Temperatur auf 160 Grad senken.

Für die Füllung Eier und Zucker in eine Schüssel geben und mit dem Rührgerät schaumig schlagen. Den Frischkäse hinzufügen und untermischen. Zum Schluss das Karamell dazugeben und alles gut verrühren.

Die Masse gleichmäßig auf dem gebackenen Boden in der Springform verteilen und auf mittlerer Schiene ca. 80 Minuten backen. Zusätzlich eine kleine feuerfeste Schüssel (oder einen Topf) mit Wasser in den Ofen unter den Kuchen stellen.

Ist der Kuchen fertig, den Ofen ausschalten und die Tür des Backrohrs leicht kippen (am besten einen Kochlöffel einklemmen). Den Kuchen auf diese Weise im Backofen ca. 45 Minuten abkühlen und ruhen lassen.

Kurz bevor der Kuchen aus dem Ofen genommen wird, die Birne zubereiten. In eine kleine beschichtete Pfanne gleichmäßig den Puderzucker einstreuen und auf mittlerer Flamme erhitzen, bis er schmilzt. Aufpassen, dass der Puderzucker nicht zu dunkel wird, sonst schmecken die Birnen bitter. Hat sich der Zucker verflüssigt, die Butter hinzugeben und unter Rühren schmelzen lassen. Dann die Birnenspalten hinzufügen und 1–2 Minuten andünsten. Die Aprikosenmarmelade unterrühren und die Hitze auf kleine Flamme reduzieren. Etwa 3–5 Minuten sanft köcheln lassen, bis die Birnen weich sind. Dann vom Herd nehmen und abkühlen lassen.

Den fertigen Kuchen mit den aprikotisierten Birnenspalten belegen und servieren.

Schwedischer Apfel-Zimt-Kuchen mit Hagelzucker

Schweden ist einer meiner Sehnsuchtsorte, obwohl ich noch nie da gewesen bin. Viele Menschen tragen in ihrem Herzen eine mehr oder weniger unerfüllte Sehnsucht nach fernen Ländern, weiten, unberührten Landschaften oder fremden Kulturen mit sich herum und verbinden damit Gefühle wie Freiheit, Lebendigsein oder auch Geborgenheit. Für mich persönlich trifft in Bezug auf Schweden Letzteres zu. Das hängt sicher damit zusammen, dass ich als Kind immer bei den »Kindern von Bullerbü« oder »Michel aus Lönneberga« wie gebannt vor dem Fernseher gesessen habe und mir – ich bin immer schon ein Naschkätzchen gewesen – vorgestellt habe, dass frische skandinavische Zimtschnecken der Inbegriff von Liebe sein müssen.

Warme Zimtschnecken kommen meiner Wahrnehmung nach ins skandinavischen Kinderfilmen und -büchern dauernd vor. In Bullerbü und Lönneberga bekamen die Kinder jedenfalls, wenn sie nachmittags vom Spielen ins Haus gestürmt kamen, um sich schnell für das nächste Abenteuer zu stärken, von ihren Müttern immer frische Zimtschnecken und ein Glas kalte Milch hingestellt. Ich war hingerissen.

Leider schmecken meine selbstgemachten Zimtschnecken nicht gut genug, um in ein Kochbuch aufgenommen zu werden, aber mein schwedischer Apfelkuchen, dessen Rezept ich einmal vor Jahren auf der Rückseite eines Kalenderblatts gefunden habe, kommt schon sehr nahe an meine Vorstellung von heimeliger Geborgenheit im Land der Mitternachtssonne heran.

Wichtig: Die nun folgende Zubereitung entspringt meiner eigenen Vergesslichkeit, aber das Ergebnis ist genial!

Eigentlich sollte gerade eine Achtsamkeitsköchin nicht vergesslich sein, oder? Das ist jedenfalls die landläufige Meinung von Menschen, die schon lange meditieren und Achtsamkeit praktizieren. Aber auch ein Zenkoch kann mal etwas vergessen, er ist schließlich auch nur ein Mensch mit Stärken und Schwächen. Für einen professionellen Zenkoch ist die Vergesslichkeit an sich nicht schlimm, lediglich der achtsame Umgang damit ist wichtig: Beschimpfe ich mich also für meinen Fehler und werfe den Kuchen, ohne ihn zu probieren, in den Mülleimer, oder kann ich offen für einen neuen Geschmack, eine andere Konsistenz, ja eine ganz neue Kreation sein?

Im Fall dieses Rezepts habe ich schlichtweg die Butter im Teig vergessen – 150 Gramm, um genau zu sein. Ohne Butter erinnert der fertige Kuchen von der Textur her eher an einen »Biskuitkuchen«, was ihm außerordentlich gut zu Gesicht steht und meiner Meinung nach vom Geschmack her einer schwedischen Zimtschnecke sehr viel näher kommt.

Du kannst den Kuchen natürlich auch mit Butter (150 Gramm weiche Butter, Eier und Zucker zu einer cremigen Masse rühren, dann weiter verfahren, wie im Rezept angegeben) backen, dann bekommst du als Ergebnis einen traditionellen Apfelkuchen.

ZUBEREITUNGSZEIT:
insgesamt ca. 25 Minuten

ABKÜHLZEIT:
ca. 30 Minuten

BACKZEIT:
ca. 35 Minuten

ZUTATEN
FÜR DIE ÄPFEL:
4 große säuerliche Äpfel (z. B. Elstar oder Topaz), geschält, von den Kerngehäusen befreit und in dünne Spalten geschnitten
50 g Butter
100 g Zucker
2 TL Zimt
Mark von 1 Vanilleschote
Abrieb von 1 unbehandelten Orange (Schale vorher unter fließend heißem Wasser abwaschen)

FÜR DEN TEIG:
4 Eier (Größe L)
150 g Zucker
1 Päckchen Vanillezucker
200 g Weizenmehl, Type 405
1 ½ TL Backpulver
1 Prise Salz
1 Msp. Kardamom
1 EL Hagelzucker zum Garnieren des fertigen Kuchens

AUSSERDEM:
1 große beschichtete Pfanne, hitzebeständiger Silikonspatel, 1 große und 1 kleine Schüssel, Rührgerät, Springform (26 cm Durchmesser) sowie weiche Butter und Mehl zum Einfetten und Ausstäuben der Form, 1 Holzstäbchen für die Stäbchenprobe

ZUBEREITUNG:

Den Backofen auf 180 Grad Ober-/Unterhitze oder 160 Grad Umluft vorheizen.

Zuerst die Äpfel zubereiten. Dazu die Butter in einer großen, beschichten Pfanne erhitzen, dann Zucker und Zimt dazugeben und dabei ständig rühren. Die Hitze auf mittlere Flamme reduzieren und weiterrühren, bis sich das Gemisch verflüssigt und zu einer Art bräunlicher Soße wird. Dann Vanillemark und Orangenabrieb hinzufügen und einrühren.

Wenn die Soße zu blubbern beginnt, die Äpfel dazugeben und untermischen. Dabei darauf achten, immer wieder mit dem Spatel am Rand entlangzufahren, dadurch verhinderst du, dass die Masse am Rand hart wird. Die Hitze auf kleine Flamme reduzieren und die Äpfel unter ständigem Rühren so lange dünsten (ca. 5–7 Minuten), bis sie weich sind. Beiseitestellen und kurz auskühlen lassen, bis der Teig fertig ist.

Für den Teig Eier, Zucker und Vanillezucker in eine große Schüssel geben und mit dem Rührgerät schaumig schlagen. Mehl, Backpulver, Salz und Kardamom hinzufügen und verrühren, bis ein zähflüssiger Teig entsteht.

Eine Springform mit Butter einfetten und mit Mehl leicht ausstäuben. Den Teig gleichmäßig in die Form füllen und die Äpfel darauf verteilen (dabei darf ruhig etwas von der Flüssigkeit mit in die Form). Den Rest des Zimt-Zucker-Gemisches in eine kleine Schüssel geben, damit wird später der Kuchen dekoriert.

Wichtig: Am besten die Pfanne und den Silikonspatel sofort nach Gebrauch mit heißem Wasser abspülen, denn die Masse wird nach Erkalten steinhart.

Den Kuchen auf mittlerer Schiene ca. 35 Minuten backen. Stäbchenprobe machen!

Den fertigen Kuchen ca. 30 Minuten auskühlen lassen, dann mit der restlichen Zimtsoße beträufeln und mit Hagelzucker garnieren.

Achtsamkeit schließt alles liebevoll mit ein – auch deine Fehler.

Hirse-Honigkuchen mit Mandeln und Kurkuma

Vor einigen Jahren war ich Mitglied einer kleinen Meditationsgruppe, die sich die »Minis« nannte. Wir Minis, acht Leute an der Zahl, trafen uns einmal im Monat reihum bei einer/einem von uns zu Hause, um einen ganzen Tag lang gemeinsam Achtsamkeit zu praktizieren.

Ich persönlich mochte am liebsten die »Achtsamkeitstage« bei Rainald, denn der ließ sich immer etwas ganz Besonderes für uns einfallen. Meistens trafen wir uns sonntags, um zu meditieren, gemeinsam achtsam zu kochen und Gehmeditation zu praktizieren. Bei Rainald schauten wir bei der Gelegenheit auch Dokumentationsfilme, die sich mit ganz bestimmten Themen rund um die Achtsamkeitspraxis auseinandersetzten, wie zum Beispiel ein Film über eine berühmte Musikerin, die trotz ihrer Taubheit (!) weltweite Anerkennung im Trommeln erlangt hat; sie hat schon als Kind gelernt, mit ihrem ganzen Körper Schallwellen wahrzunehmen, und kann auf diese Weise tatsächlich »hören«.

Da essen bekanntlich Leib und Seele zusammenhält, waren uns Minis natürlich auch die gemeinsamen Mahlzeiten sehr wichtig. Eines Tages brachte Heike, ein weiteres Mitglied unserer Gruppe, diesen Kuchen für die nachmittägliche Zen-Teezeremonie mit. Wir waren hellauf begeistert!

Jeder achtsame Moment ist bedeutsam.

ZUBEREITUNGSZEIT:
ca. 30 Minuten

BACKZEIT:
ca. 40–45 Minuten

ZUTATEN:
200 g Hirse
1 Prise Salz
2 Eier (Größe L)
150 g Honig (ich verwende für dieses Rezept gerne Honig mit einer herberen Note wie z. B. Tanne oder Kastanie)
100 g Butter, zimmerwarm
200 g gemahlene Mandeln
½ TL Kurkuma
Abrieb von 1 unbehandelten Zitrone (Schale vorher unter fließend heißem Wasser abwaschen)
200 g Weizenmehl, Type 405
1 TL Backpulver
100 ml Milch
50 g Mandelblättchen, in einer beschichteten Pfanne trocken geröstet
evtl. Honig zum Garnieren

AUSSERDEM:
1 Topf, 2–3 Schüsseln, Rührgerät, 1 große bis mittelgroße Auflaufform, etwas Butter zum Einfetten der Form, Holzstäbchen für die Stäbchenprobe, 1 kleine beschichtete Pfanne

ZUBEREITUNG:
Zuerst die Hirse nach Packungsanweisung kochen, sprich 200 g Hirse in der doppelten Menge Wasser (400 ml) mit einer Prise Salz garen, bis die Hirse weich ist. In eine Schüssel geben und leicht abkühlen lassen.
Die Eier trennen und das Eiweiß steif schlagen. Das Backrohr auf 175 Grad Ober-/Unterhitze oder ca. 150 Grad Umluft vorheizen.
Honig, Eigelb und Butter in einer Schüssel zu einer cremigen Masse rühren.
Gemahlene Mandeln, Kurkuma und Zitronenabrieb zur gekochten Hirse geben und untermengen. Dann die Honig-Eigelb-Butter-Masse dazugeben und untermischen.
In einer separaten Schüssel Mehl und Backpulver miteinander vermischen und ebenfalls zur Hirse geben – gut unterrühren. Die Milch hinzufügen und einrühren, abschließend den Eischnee unterheben.
Die Hirsemasse in eine mittelgroße bis große, ausgefettete Auflaufform geben und glatt streichen. Im Ofen auf mittlerer Schiene ca. 40–45 Minuten goldgelb backen – Stäbchenprobe machen!
Den fertigen Hirse-Honigkuchen mit gerösteten Mandelblättchen bestreuen und eventuell noch mit ein paar zusätzlichen Honigfäden garnieren. Lauwarm servieren.

TIPPS: Ich persönlich backe diesen Kuchen gerne in einer richtig großen Auflaufform, deswegen werden es, wie du auf dem Bild unschwer erkennen kannst, immer eher Kuchenschnitten statt eines »richtigen« Kuchens, aber das tut dem Geschmack keinen Abbruch – und man kann die Schnitten als kleinen Snack zwischendurch überall mit hinnehmen. Je kleiner die Form ist, desto höher steht der Teig, dementsprechend verlängert sich auch die Backzeit, und umso mehr sieht das Ganze dann auch einem Kuchen ähnlich.

Ganz frisch aus dem Ofen schmeckt der Kuchen übrigens auch herrlich zum gemütlichen Sonntagsfrühstück mit der ganzen Familie – quasi als Hirsebrei in gebackener Form.

Süße Rosinen-Milchbrötchen mit Vanillesahne und hausgemachter Kürbis-Apfel-Sanddorn-Marmelade

Neben den unterschiedlichen Geschmacksrichtungen wie sauer, süß, salzig, bitter und neutral, die unsere Zunge unterscheiden kann, ist auch der Duft eines Gerichts oder eines Nahrungsmittels von entscheidender Bedeutung, denn der Geruch trägt maßgeblich dazu bei, ob wir das Essen mögen oder nicht. Praktizieren wir Achtsamkeit während der Nahrungsaufnahme, dann wird uns diese Tatsache sehr schnell bewusst, denn wir nehmen viel intensiver wahr, wenn wir sorgfältig und fokussiert essen, schmecken und vor allem auch riechen und uns dabei nicht von Gedanken und anderen Dingen ablenken und forttragen lassen.

Das Rezept für diese Milchbrötchen haben mir vor vielen Jahren einmal zwei Bäuerinnen verraten. Die beiden Schwestern, Zwillingsschwestern um genau zu sein, waren damals schon weit in den Achtzigern und bewirtschafteten gemeinsam, lediglich mit

Hilfe eines nicht minder alten Knechts, einen Einödhof im bayerischen Voralpenland. Ich verbrachte damals ein komplettes Wochenende auf dem einsamen Bauernhof, um mir von den beiden die Kunst des Backens beibringen zu lassen, und zwar vornehmlich traditionell bayerisches Schmalzgebäck, süße Teilchen und regionale Kuchen.

Die zwei, Liesl und Hanni, hatten noch nie etwas von Achtsamkeit gehört, gingen aber so sorgfältig und liebevoll mit den Zutaten und ihren Gerätschaften um, dass ich sie auch heute noch als Naturtalente in dieser »Disziplin« bezeichnen möchte. Liesl und Hanni waren es auch, die mir im Laufe der beiden Tage immer wieder auf rührende Art zeigten, wie sehr einem der köstliche Duft von Backwaren ans Herz gehen kann. Während wir nämlich kneteten und buken, was das Zeug hielt, hielt abwechselnd eine von ihnen inne, um sich die mehligen Hände an der Küchenschürze abzuwischen und mit blitzenden Augen Geschichten von früher zu erzählen – stets inspiriert von den himmlischen Gerüchen, die durch die Küche zogen und die uns umhüllten wie süße, unsichtbare Umarmungen.

»Weißt du noch, Liesl, wie uns die Mama immer eine Extra-Schmalznudel in Herzform gebacken hat?«, sagte beispielsweise die Hanni, und dabei zwinkerte sie fröhlich zu ihrer Schwester hinüber, die am Herd gerade dabei war, die nächste Nudel im zischenden Fett zu versenken.

Bevor du dich nun ans Zubereiten und Kneten der Brötchen machst, schlage ich vor, dass du dir die Übung »Teig in meinen Händen« gleich im Anschluss an dieses Rezept durchliest. Dort wirst du noch einmal meinen beiden Bäuerinnen begegnen, die dir mit ihrem unwiderstehlichen Charme, den meiner Meinung nach nur alte Damen und Großmütter haben, zeigen werden, dass das Zusammenspiel von Backen und Liebe tatsächlich ganz viel mit dem achtsamen Kneten des Teigs zu tun hat.

Nun kommt aber erst einmal das Rezept für die Marmelade, denn die heiße, süße Flüssigkeit braucht ein paar Stunden, um abzukühlen. Erst danach kann sie auf den Milchbrötchen – und nicht nur dort! – zum Einsatz kommen.

Knete den Teig, als würdest du ihn liebkosen.

Homemade Kürbis-Apfel-Sanddorn-Marmelade

Zu den Rosinen-Milchbrötchen passen natürlich viele Sorten von Marmelade (versuch es mal mit Erdbeermarmelade oder mit Johannisbeergelee), aber meine beiden achtsamen Zwillingsdamen, die du gerade kennengelernt hast, schwören auf eben diese Kombination, die wirklich unglaublich lecker schmeckt. Besonders im Herbst, wenn es draußen stürmt und regnet, passt diese Marmelade super auf ein Rosinenbrötchen mit Vanillesahne und lässt einen das ungemütliche Wetter für einen herrlich genussvollen Moment vergessen.

Im Originalrezept der beiden taucht übrigens nur schlichter, naturtrüber Apfelsaft statt Apfel-Sanddorn-Saft auf, aber nach einigen Experimenten für dieses Buch fand ich die Sanddorn-Variante einen kleinen Tick besser. Hanni und Liesl mögen es mir verzeihen.

ZUBEREITUNGSZEIT:
ca. 40 Minuten

ZUTATEN
(ergibt ca. 5 Gläser à 200 ml):
300 g Kürbisfleisch (z. B. Hokkaido oder Butternuss; bei beiden kann man die Schale mitkochen; die 300 g verstehen sich als Nettogewicht, also nachdem Strunk und Kerne entfernt wurden), gewaschen, von den Kernen befreit und in mundgerechte Stücke geschnitten
400 g säuerliche Äpfel (z. B. Topas oder Elstar), geschält, von den Kerngehäusen befreit und in mundgerechte Stücke geschnitten
300 ml ungesüßter Apfel-Sanddorn-Saft (gibt es im Bioladen)
1 Zimtstange
1 Sternanis
1 Päckchen Gelierzucker (2plus1)
Saft und Zesten von 2 unbehandelten Zitronen (Schale vorab unter fließend heißem Wasser abwaschen)

AUSSERDEM:
1 großer Topf, Pürierstab, Schöpfkelle, sterile Einweckgläser

ZUBEREITUNG:
Kürbis, Äpfel, Apfel-Sanddorn-Saft, Zimtstange und Sternanis in einem großen Topf erhitzen und ca. 10–15 Minuten köcheln lassen, bis die Kürbis- und Apfelstücke weich sind.

Den Gelierzucker dazugeben, unterrühren und alles zusammen noch mal ca. 5 Minuten auf mittlerer Flamme köcheln lassen. Zimtstange und Sternanis entfernen und die Masse mit dem Pürierstab fein pürieren. Zum Schluss Zitronensaft und -zesten dazugeben.

Die noch heiße Masse mit einer Schöpfkelle in sterile Gläser füllen und diese gut verschließen. Alle Marmeladengläser für ca. 5 Minuten auf den Kopf stellen (so kannst du sichergehen, dass sich ein Vakuum bildet), dann wieder umdrehen.

Rosinen-Milchbrötchen

ZUBEREITUNGSZEIT:
insgesamt ca. 15 Minuten

KÜHLZEIT DES TEIGES:
24 Stunden

BACKZEIT:
ca. 25 Minuten

WICHTIG:
Den Teig am Vortag zubereiten und über Nacht im Kühlschrank ruhen lassen.

ZUTATEN
FÜR DIE MILCHBRÖTCHEN
(ergibt 8 Stück):
100 g weiche Butter, zimmerwarm
500 g Weizenmehl, Type 405
2 EL Backpulver
2 TL Zucker
1 Prise Salz
300 ml lauwarme Milch
50 g getrocknete Rosinen, über Nacht in 100 ml Orangensaft eingeweicht
1 Eigelb zum Bestreichen der Teigbälle

FÜR DIE VANILLESAHNE:
200 g Sahne
1 Päckchen Vanillezucker

AUSSERDEM:
2 Schüsseln, Rührgerät, Frischhaltefolie, 1 Backblech, Backpapier

ZUBEREITUNG:
Butter, Mehl, Backpulver, Zucker, Salz und Milch in einer Schüssel miteinander vermengen und zu einem festen, aber geschmeidigen Teig kneten. Zum Schluss die Rosinen untermischen.

Den Teigball in Frischhaltefolie einpacken und am besten über Nacht – 24 Stunden! – in den Kühlschrank legen.

Am nächsten Tag den Backofen auf 180 Grad Ober-/Unterhitze bzw. 150 Grad Umluft vorheizen.

Den Teig aus dem Kühlschrank nehmen und noch einmal gut durchkneten, dann zu einer dicken Wurst rollen. Die Teigrolle in 8 gleich große Stücke teilen (pro Stück ca. 125 g) und die einzelnen Teigstücke zu kleinen Bällchen formen.

Die Teigbällchen auf ein mit Backpapier ausgelegtes Backblech legen und die Oberflächen mit dem Eigelb bestreichen. Auf mittlerer Schiene in ca. 25 Minuten goldgelb backen. Die Brötchen sind fertig, wenn sie beim Klopfen mit dem Fingerknöchel auf die jeweilige Unterseite hohl klingen.

Während die Brötchen backen, Sahne und Vanillezucker in eine Schüssel geben und steif schlagen.

Noch feiner schmeckt die Schlagsahne übrigens mit dem Mark einer »echten« Vanilleschote und einem Teelöffel feinem Backzucker statt dem Vanillezucker-Fertigprodukt, aber meine beiden Ladys wollen mit so »feinem Zeugs« nichts zu tun haben und schwören eben auf schnöden Vanillezucker aus der Tüte.

Zum Servieren die lauwarmen Rosinen-Milchbrötchen aufschneiden, großzügig auf beiden Seiten mit Vanillesahne bestreichen und mit jeweils einem dicken Klecks Kürbis-Apfel-Sanddorn-Marmelade garnieren.

Übung:
Teig in meinen Händen

Meine beiden Lehrmeisterinnen in Sachen »Backen mit Liebe«, Hanni und Liesl, habe ich dir schon zu Beginn des vorangegangenen Rezepts vorgestellt. Wie bereits erzählt, hatte ich das große Glück, ein Wochenende lang Gast auf ihrem uralten Einödhof sein zu dürfen, um die traditionelle bayerische Backkunst zu erlernen. Nebenbei unterrichteten sie mich auch noch darin – im Grunde vollkommen unbeabsichtigt, denn es lag in der Natur der beiden Schwestern –, dem Leben an sich stets achtsam und mit liebevollem Respekt gegenüberzutreten. Und dazu zählen natürlich auch ganz banale Dinge, wie zum Beispiel das Kneten von Teig.

Ein anderer großer Lehrer in Sachen Achtsamkeit in der Küche war und ist für mich der in diesem Buch bereits mehrfach erwähnte amerikanische Zenkoch und Freund Edward Espe Brown, mit dem ich fünf Jahre zusammenarbeiten durfte. Edwards meditative Art, Teig zu kneten, hat nicht nur mich immer wieder sehr beeindruckt, denn viele Menschen kommen von weit her zu seinen Kursen, um den achtsamen Umgang mit Teig und das bewusste Zubereiten diverser Gerichte unter seiner Anleitung zu lernen. Die nun folgende Übung ist von diesen drei großartigen Menschen inspiriert worden.

Nehmen wir nun als Praxisbeispiel die Zubereitung der Rosinen-Milchbrötchen aus dem vorherigen Rezept (auch das nachstehende Rezept für die Pizzaschnecken eignet sich gut dafür): Ich kann mich noch sehr gut daran erinnern, wie Hanni, Liesls Schwester, den großen Teigball behutsam auf die Arbeitsfläche legte, mir zulächelte und mich dann mit einem Nicken aufforderte, mich an die Arbeit zu machen. Aber egal, welche Art von Teig du zubereitest – für diese Übung braucht es natürlich einen Teig, den man kneten muss (also keinen Rührteig) –, es geht immer nur darum, genau zu wissen und zu beobachten, was deine Hände gerade tun, und zusätzlich eine liebevolle Haltung zu dir selbst und zu dem »Ding«, mit dem du dich im Moment beschäftigst, zu entwickeln.

In der Regel erledigen wir Tätigkeiten wie das Kneten von Teig oder das Schneiden von Gemüse eher nebenher; innerlich sind wir meistens mit anderen Sachen beschäftigt. Während die Hände ihre Arbeit tun, bewegt sich der Geist also oft in ganz anderen Sphären. Wir denken nach, planen die Zukunft, verlieren uns in der Vergangenheit, machen uns Sorgen oder träumen einfach nur vor uns hin. All diese Gedankengänge arbeiten wir im übertragenen Sinne dann in Form von Emotionen, die mit den Gedanken einhergehen, in den Teig oder in das jeweilige Gericht im Topf auf dem Herd mit ein – davon sind sowohl meine beiden Zwillinge, Hanni und Liesl, als auch mein Freund Edward fest überzeugt.

Beginne jetzt den Teig für die Brötchen gut durchzukneten und achte darauf, dich nicht von deinen Gedanken davontragen zu lassen. Konzentriere dich ganz auf dein Tun und fühle dabei gleichzeitig die Konsistenz des Teiges in deinen Händen und die körperliche Anstrengung, die für das Kneten notwendig ist. Mache dir bewusst, wie deine Hände und Finger greifen, Druck ausüben und kneten und wie sie dadurch den Teig geschmeidig werden lassen.

Die Hände gelten in fast allen Kulturen rund um den Globus als Symbol des Gebens, und manche Lehren – wie zum Beispiel die Lehre von den Chakren, den unsichtbaren Energiezentren im menschlichen Körper – sprechen sogar davon, dass es eine direkte Verbindung von den Handinnenflächen zum Herzen gibt. Jedes Mal, wenn wir also mittels unserer Hände etwas an andere weitergeben und dadurch Gutes tun, öffnet sich demnach zeitgleich unser Herz, und das sogenannte Herz-Chakra wird aktiviert; Liebe beginnt zu fließen. Ich bin mir zwar ziemlich sicher, dass weder Hanni noch Liesl jemals in ihrem Leben etwas von Chakren gehört hat, aber dennoch wussten beide intuitiv darüber Bescheid, wie man mittels seiner Hände Arbeit Herzen öffnen kann – das eigene und das von anderen.

Nach dem Kneten wird der Teigball zu einer dicken Wurst gerollt, die anschließend in acht gleich große Teile geschnitten wird. Drehe nun jedes dieser Teigstücke, eines nach dem anderen, zu einem kleinen Ball. Stell dir dabei vor, wie von deinen Handinnenflächen beim Drehen Liebe, Zuwendung und Achtsamkeit in den jeweiligen Teigball einströmen.

Als ich selbst damals in der Küche von Hanni und Liesl an dem alten, massiven Küchentisch gemächlich meine Teigbälle drehte, da erklärten mir die beiden, dass ich mir dabei vorstellen solle, wie meine Handflächen die kleinen Bälle für kurze Zeit wie ein schützendes Vogelnest umhüllen. Die beiden alten Frauen flüsterten den Teigbällchen übrigens immer kleine Gebete und Segnungen zu, die natürlich christlich geprägt waren, aber auch bei Edward, meinem buddhistischen Zenkoch, lernte ich eine ähnliche Form von Wunschgebeten, die man während des Kochens oder Backens den Lebensmitteln und dabei gleichzeitig jenen Lebewesen, für die das Essen zubereitet wird, zukommen lässt.

Wenn du also das nächste Mal Teig knetest oder generell am Herd stehst, um eine Mahlzeit zuzubereiten, dann flüstere in Gedanken: Möge das Gebäck, das aus diesem Teig entsteht – möge diese Suppe, möge das Gericht, das ich gerade zubereite –, die Menschen nähren und ihnen Kraft verleihen, damit sie, zum Wohle aller Lebewesen, gestärkt und mitfühlend durch ihr Leben gehen können.

BROT UND KUCHEN

Pizzaschnecken mit Mozzarella und frischem Basilikum

Sich neue Rezepte auszudenken, macht unglaublich Spaß und ist immer auch ein bisschen aufregend, denn man weiß nie, ob es gelingen wird. Ein achtsamer Geist sieht die Dinge so, wie sie gerade wirklich sind. Es ist also kein Problem, aufgeregt oder vielleicht sogar ein bisschen ängstlich zu sein, solange wir daraus keine negative Story machen, sondern einfach nur genau hinspüren, wie es sich im Moment anfühlt!

Dieses Rezept hat ursprünglich meine Schwester Michaela erfunden, aber auf die Idee mit dem Mozzarella bin ich gekommen. Jetzt freuen wir uns beide daran und sind mit Recht stolz darauf, denn unsere Schnecken schmecken richtig lecker! Doch am meisten freuen wir uns, wenn es auch unseren Gästen mundet, denn die kleinen Teilchen eignen sich hervorragend als Party-Snack.

Rieche, schmecke, fühle.

ZUBEREITUNGSZEIT:
ca. 20 Minuten

RUHEZEIT FÜR DEN TEIG:
30 Minuten

BACKZEIT:
ca. 20 Minuten

ZUTATEN
FÜR DEN TEIG
(ergibt ca. 20 Stück):
20 g frische Hefe (entspricht ½ Würfel)
ca. 100 ml lauwarmes Wasser
1 Prise Zucker
250 g Weizenmehl, Type 405
½ TL Salz
2 EL Olivenöl

FÜR DIE FÜLLUNG:
250 g Mozzarella, fein gehackt
2 EL Tomatenmark
4 EL Basilikumblätter, gewaschen und fein gehackt
Salz und frisch gemahlener Pfeffer

AUSSERDEM:
1 große und 2 kleine Schüsseln, 1 sauberes Geschirrtuch zum Abdecken, 1 Backblech, Backpapier, etwas Mehl zum Bestäuben der Arbeitsfläche, Nudelholz, scharfes Messer

ZUBEREITUNG:
Die Hefe in eine kleine Schüssel bröckeln und mit lauwarmem Wasser und einer Prise Zucker vermischen, bis sich die Hefe aufgelöst hat.

Das Mehl in eine große Schüssel geben und die Hefe dazugießen. Salz und Olivenöl dazugeben und alles zu einem geschmeidigen Teil kneten. Gegebenenfalls noch Mehl dazugeben, falls der Teig zu sehr an den Händen klebt. Den Teig zu einem Ball formen und zurück in die Schüssel geben. Mit einem sauberen Geschirrtuch abdecken und an einem warmen, nicht zugigen Ort 30 Minuten »gehen« lassen.

Den Backofen auf 200 Grad Ober-/Unterhitze bzw. 180 Grad Umluft vorheizen. Ein Backblech mit Backpapier auslegen.

Alle Zutaten für die Füllung in eine Schüssel geben und gut miteinander verrühren. Mit Salz und Pfeffer abschmecken.

Die Arbeitsplatte mit Mehl bestäuben und den Teig ungefähr auf die gleiche Größe wie das Backblech ausrollen. Die Mozzarella-Füllung gleichmäßig auf dem Teig verteilen, dann den Teig einrollen. Mit einem scharfen Messer ca. 1 cm breite Stücke schneiden; die Teigstücke aufrecht auf dem Backblech verteilen (auf genügend Abstand achten). Auf mittlerer Schiene ca. 20 Minuten backen.

TIPP: Am besten schmecken die Schnecken noch heiß und frisch aus dem Ofen.

Eine Scheibe »Extra-Brot«

In der Gastronomie herrscht manchmal ein rauher Ton. Hektik und Stress fordern ihren Tribut, denn meistens wird unter Hochdruck am Herd und im Service gearbeitet. Gott sei Dank ist das bei uns im Café nicht so; selbst während der Hochzeiten im Mittagsgeschäft bleiben wir freundlich mit den Gästen und auch untereinander. Das liegt wohl daran, dass die meisten von uns Angestellten miteinander befreundet sind und wir uns zudem als echtes Team verstehen.

Es gab allerdings auch Zeiten, in denen wir mit unbequemen oder nörgelnden Gästen leider nicht sehr achtsam umgegangen sind. Zwar blieben wir vordergründig stets professionell und freundlich und ließen uns unseren Unmut nicht anmerken, aber hinter deren Rücken lästerten wir kräftig ab. Besonders unbeliebte Gäste erhielten von uns Spitznamen, die diesem Begriff wahrlich alle Ehre machten, denn sie waren im wahrsten Sinne des Wortes spitz und verletzend – und ich werde sie hier an dieser Stelle bestimmt nicht wiedergeben. Am nachhaltigsten ist mir aus dieser Zeit eine Frau im Gedächtnis und im Herzen geblieben, die ich später als Ulrike kennen- und schätzen lernen durfte.

Ulrike kam eine Zeitlang fast jeden Morgen zu uns in den Laden, um bei uns zu frühstücken. Damals wusste ich freilich ihren Vornamen noch nicht; ich nahm sie lediglich als eine ernste, selten lächelnde Dame mittleren Alters wahr, die zu ihren Rühreiern immer eine Scheibe Brot extra bestellte. Aus irgendeinem, heute für mich nicht mehr nachvollziehbaren Grund bezeichneten wir diese Frau wegen ihrer zusätzlichen Scheibe Brot als gierig, und nach einer Weile begannen wir sie hinter ihrem Rücken »Extra-Brot« zu nennen. Ich schäme mich deswegen immer noch!

Einmal im Monat findet bei mir zu Hause ein ganztägiger Achtsamkeitskochkurs statt. Natürlich kenne ich meine Teilnehmer vorher nicht, und so hatte ich keine Ahnung, wer sich bei der Anmeldung via Mail hinter dem Namen Ulrike K. verbarg. Als ich aber am Kurstag die Wohnungstüre öffnete, stand »Extra-Brot« vor mir. Zunächst wusste ich nicht, wie ich mich verhalten sollte, zu tief war die Scham wegen meiner Lästereien, aber im Laufe des Kurstages lernten wir uns immer besser kennen, und ich entdeckte eine wunderbar kluge, sensible und zurückhaltende Frau, die geprägt war von einer Kindheit voller Streit und Unsicherheiten.

Gegen Ende des Kurses reiste ich mit meinen Gästen via Phantasiereise zurück zu ihren Lieblingsessen aus der Kindheit. Danach berichtete jeder reihum von seinen Erfahrungen und Lieblingsgerichten, und als Ulrike an der Reihe war, erzählte sie uns diese Geschichte:

Als Ulrike noch ein kleines Mädchen war, gab es oft Streit zwischen ihren Eltern. Ulrike war ein Einzelkind, und die Auseinandersetzungen der Erwachsenen machten der Kleinen sehr zu schaffen. Das Mädchen lebte in ständiger Angst und Sorge, dass ihre Eltern sich trennen könnten, und fühlte sich mit ihrer Not alleine gelassen. Eine Sache aber gab es, die das Ehepaar zutiefst verband, und das waren gemeinsame Ausflüge in die Berge. Im Sommer wanderte die kleine Familie fast jedes freie Wochenende, und für Ulrike waren diese Stunden in der Natur stets eine Wohltat, denn dann herrschte zwischen den Eltern Harmonie und Frieden. War der jeweilige Gipfel erklommen, kehrten die drei meistens noch gemeinsam in einer bewirtschafteten Almhütte ein, um sich mit einer wohlverdienten Brotzeit zu stärken. Ulrike saß dann immer ganz still und glücklich zwischen ihren Eltern und genoss die Ruhe und die Weite der Landschaft. Vor ihr stand meistens ein Glas frischer Buttermilch, und daneben lag ein köstlich duftender Kanten Brot, den sie genüsslich Stück für Stück in die Milch tunken durfte.

Diese einfache Mahlzeit war für Ulrike das Sinnbild für Frieden – und ist es bis heute geblieben. Jedes Mal, wenn sie als erwachsene Frau, so erzählte sie uns während des Kurses, Stress in der Arbeit hatte, dann stahl sie sich für eine kurze Auszeit in unser Café, um sich eine einfache Mahlzeit zu bestellen. Wichtig war dabei aber vor allem die zusätzliche Scheibe Brot, mit deren Hilfe sie dann die Erinnerung an jene friedvolle Stille von damals in ihrem Herzen neu entstehen lassen konnte.

Auch nach dem Kurs kam Ulrike noch eine geraume Zeit lang in unser Café, um dort eine kurze Auszeit von der Hektik und dem Stress ihres Arbeitsalltags zu nehmen, dann blieb sie aus unerfindlichen Gründen weg. Wir haben nie wieder über diese Geschichte gesprochen, aber ich stellte ihr von diesem Zeitpunkt an ungefragt immer einen zusätzlichen Teller mit Brot hin – und ich erzählte meinen Kolleginnen von dem kleinen Mädchen und seiner kargen Mahlzeit in den Bergen. Von da an haben wir aufgehört, unseren Gästen Spitznamen zu geben.

Gesundes Körner-Knäckebrot

Ich liebe Knäckebrot und hätte nie gedacht, dass man es so leicht selbst herstellen kann. Das Rezept stammt ursprünglich aus Schweden, wo Knäckebrot ja geradezu Kult ist. Ich habe es allerdings ein kleines bisschen abgeändert, weil ich in meinem kleinen Bioladen um die Ecke weder geschroteten Hafer noch geschroteten Buchweizen bekommen konnte. Stattdessen sind nun feine Haferflocken und geschroteter Leinsamen zum Einsatz gekommen, und ich finde, dass die zwei richtig gut ins Brot passen. Ich besitze übrigens nur einen sehr alten Elektroherd, den meine Kursgäste immer voll ungläubigem Staunen – sie können es gar nicht fassen, dass man auf solch einem Gerät einen ganztägigen Kochkurs bewältigen kann – als »Retro-Herd« bezeichnen und dessen Backrohr mit modernen Hightech-Öfen tatsächlich nur schwer mithalten kann. Damit also mein Knäckebrot richtig schön knusprig werden konnte, habe ich es bei 220 Grad Ober-/Unterhitze gebacken – über eine Umluft-Funktion verfügt mein geliebter Backofen nämlich nicht. Laut Originalrezept sollte man das Brot aber bei 180 Grad Umluft kross backen und auf Ober-/Unterhitze komplett verzichten. Mein Knäckebrot ist trotzdem etwas geworden. Ich werde mir also keinen neuen Herd kaufen müssen!

Überhaupt ist der achtsame Umgang mit den Gerätschaften in der Küche einer der wichtigsten Punkte für einen Zenkoch. Er versucht stets das Beste aus seinen Küchengerätschaften herauszuholen und ist angehalten, sie zu hegen und zu pflegen wie seinen buchstäblichen Augapfel, damit sie ihm so lange wie möglich dienen können. Ein Herd wird also nicht einfach ausrangiert, nur weil er alt und nicht mehr zeitgemäß ist; er wird in Ehren gehalten, bis er irgendwann nicht mehr zu reparieren ist und von sich aus das Zeitliche segnet.

Halte deine Küchengeräte in Ehren – als wären sie lebendige Wesen.

ZUBEREITUNGSZEIT:
insgesamt ca. 10 Minuten

BACKZEIT:
ca. 30 Minuten

ZUTATEN:
80 g Butter
150 g Dinkelmehl, Type 630 (wahlweise Weizenmehl, Type 405)
80 g Haferflocken, feinblättrig
80 g Leinsamen, geschrotet
½ TL Salz
ca. ⅛– ¼ l lauwarmes Wasser
60 g Sonnenblumenkerne
80 g Sesam

AUSSERDEM:
1 kleiner Topf, 1 Schüssel, 1 Backblech, Backpapier, Gummischaber, Pizzaschneider oder Messer, luftdichter Behälter zum Aufbewahren

ZUBEREITUNG:
Den Backofen auf ca. 220 Grad Ober-/Unterhitze bzw. 180 Grad Umluft vorheizen (siehe Eingangstext).
Die Butter in einen kleinen Topf geben und auf kleiner Flamme schmelzen lassen. Vom Herd nehmen und kurz beiseitestellen.
Dinkelmehl, Haferflocken, Leinsamen und Salz in eine Schüssel geben und vermengen. Erst die geschmolzene Butter, dann nach und nach das lauwarme Wasser hinzufügen und alles gut verrühren.
Der Teig sollte eine sehr zähe Konsistenz bekommen. Abschließend Sonnenblumenkerne und Sesam unterrühren.
Die fertige Teigmasse gleichmäßig dünn auf ein mit Backpapier ausgelegtes Backblech streichen. Das geht am besten mit einem Gummischaber, den du zwischendurch immer wieder in kaltes Wasser tauchst. Den ausgestrichenen Teig mit einem Pizzaschneider oder einem Messer noch vor dem Backen portionsweise einschneiden, dann kannst du das Knäckebrot nach dem Auskühlen besser brechen.
Das Knäckebrot im Backrohr auf mittlerer Schiene ca. 30 Minuten backen, bis es eine leicht bräunliche Färbung angenommen hat. Das Knäckebrot auf dem Blech komplett auskühlen lassen – erst dann auseinanderbrechen.
Zum Aufbewahren in einen luftdichten Behälter füllen, so hält es sich wochenlang.

TIPPS: Statt der geschmolzenen Butter kannst du auch flüssiges Kokosöl nehmen, dann ist dein Knäckebrot sogar vegan.
Auch andere Geschmacksvarianten schmecken super! Lass deiner Phantasie einfach freien Lauf und versuche es zum Beispiel mal mit getrockneten Kräutern wie Rosmarin oder Thymian oder mit Chiliflocken und Koriandersaat im Teig.

Die Autorin

Susanne Seethaler (geb. 1969) lebt, schreibt und kocht in München. Sie ist Autorin mehrerer erfolgreicher Kochbücher und unterrichtet regelmäßig »Achtsamkeitskochkurse« in ihrer heimischen Küche. Um das Handwerk einer Zenköchin zu erlernen, reiste sie 2010 erstmals nach Amerika/Kalifornien, um dort in namhaften Meditationszentren als Köchin zu arbeiten. Von 2010 bis 2015 ging sie dem bekannten amerikanischen Zenkoch Edward Espe Brown, dessen Leben in dem Dokumentarfilm »How to Cook Your Life« von Doris Dörrie verfilmt wurde, als Assistentin während seiner Workshops in Österreich zur Hand.

www.susanneseethaler.de

Danke

Mein Dank geht in erster Linie an meine Lehrer und Lehrerinnen in Sachen Achtsamkeit, Meditation und Kochen: Thich Nhat Hanh, den Lehrern und Lehrerinnen sowie den Köchen und Köchinnen in Spirit Rock und Green Gulch, Renate Seifarth, Sri Mooji, Edward Espe Brown und meine Kolleginnen aus dem Gartensalon.

Für Rezeptideen und Inspirationen in vielerlei Hinsicht danke ich Mayli »Amma« Thapa und den Menschen in Sipadol/Nepal, Christine Steinhofer, Manuela Kerndl, Hanna und Liesl Mayer, Christine Riederer, Anna Maier, Michaela »Misse« Seethaler, meiner Mama »Muddi« Irmi Seethaler, dem Buddhistischen Seminarhaus Engl, Jan-Michael Erhardt und der Gemeinschaft vom Friedenshof, Ines Stöhr und Carsten Roenicke.

Ohne Testesser wäre dieses Buch undenkbar! Ein herzliches Dankeschön geht an meine Kursteilnehmer und Kursteilnehmerinnen, Mohan Klein, Katharina Rizzi, Dagmar Danninger, Roland Dimpfl und seine professionelle Makassar-Crew, Lynni Horstmann, Friedi Dießl und die Mädels von der legendären »Achtsamen Weihnachtsfeier« 2016, meine Cousinen vom »Kuhsinentreffen« und die Ladys aus der Buchhandlung »Buch in der Au« in München.

Zu guter Letzt danke ich meiner Freundin und wunderbaren Gestalterin dieses Buches Semia C. Sanna sowie meinem kleinen Küchenaltar, der mich jeden Tag aufs Neue daran erinnert, achtsam zu kochen und zu leben.

Verzeichnis der Rezepte

🟠 Frühstück

Birchermüsli	32
»Restebrei-Scheiterhaufen« mit Kokosmilch und Waldbeeren (vegan)	28
Rührei auf Bauernbrot mit Honig-Senf-Frischkäse und Tomaten	36
Süße Hirse mit Orangensaft, gedünstetem Obst und gerösteten Mandeln (vegan)	26

🟠 Vorspeisen

Brokkoli-Kokos-Suppe mit Ingwer und Gurken-Minz-Topping (vegan)	62
Linsensalat mit gebackener Mango und Erdnussbutter-Limetten-Dressing (vegan)	53
Rote-Bete-Carpaccio mit Sahnemeerrettich, Frühlingszwiebeln und Walnüssen	52
Salat aus Babyspinat mit Äpfeln und Kartoffeldressing (vegan)	56
Sellerie-Apfel-Suppe mit knusprigen Salbei-Chips (vegan)	64
Thai-Bowl mit Reisnudeln, knackigen Zuckerschoten und Kokos-Koriander-Pesto	59

🔴 Hauptspeisen

»Dicker Hannes« (Norddeutscher Kartoffelauflauf vom »Friedenshof«) mit lauwarmem Apfelmus	73
Gefüllte Spinat-Feta-Pfannkuchen mit Tomaten-Schokoladen-Soße	82
Kartoffel-Brunnenkresse-Strudel mit Weißwein-Senf-Sahnesoße und Shoyu-Kernen	93
Kürbislasagne mit Orangen-Béchamel	114
Nepalesisches Kartoffel-Reisflocken-Curry mit Kokos-Mandel-Milchreis (vegan)	108
Orientalische Karotten mit Orangenöl, Datteln, Minze und Granatapfeljoghurt (ohne Dip vegan)	79
Pecorino-Mürbeteig-Tartelettes mit Trauben, Balsamico-Zwiebeln, Ziegenkäse und indischem Gurken-Raita	96

Spaghetti mit Linsenbolognese und »Cashewnuss-Parmesan« (vegan) 111
Süßkartoffel-Kokos-Gratin mit gebratenen Austernpilzen und gebackenen
Feta-Pflaumen 87
Veggie-Burger mit homemade Rote-Bete-Ketchup, Avocado und geschmolzenen
Cocktailtomaten (vegan) 102

🛕 Desserts

»Gepimptes« Vanilleeis mit Honigmandeln und Fleur de Sel 134
Himbeer-Mascarpone-Creme mit knusprigen Amarettini-Bröseln und
Mandelsirup 126
Kirsch-Tiramisu 130
Vegane Mousse au Chocolat 124
Zwetschgen-Marzipan-Crumble nach Edward E. Brown 128

🛕 Brot und Kuchen

Geburtstagskuchen von Mama – Saftiger Zitronenkuchen mit Schokoguss 149
Gesundes Körner-Knäckebrot 183
Hirse-Honigkuchen mit Mandeln und Kurkuma 165
Lauwarmer Schokoladen-Krokant-Kuchen mit Maracujasoße 147
Pizzaschnecken mit Mozzarella und frischem Basilikum 178
Salzkaramell-Käsekuchen mit selbstgemachtem Karamell und aprikotisierten
Birnen 154
Schnelle Cranberry-Knusperschnitten 144
Schwedischer Apfel-Zimt-Kuchen mit Hagelzucker 160
Süße Rosinen-Milchbrötchen mit Vanillesahne und homemade
Kürbis-Apfel-Sanddorn-Marmelade 168

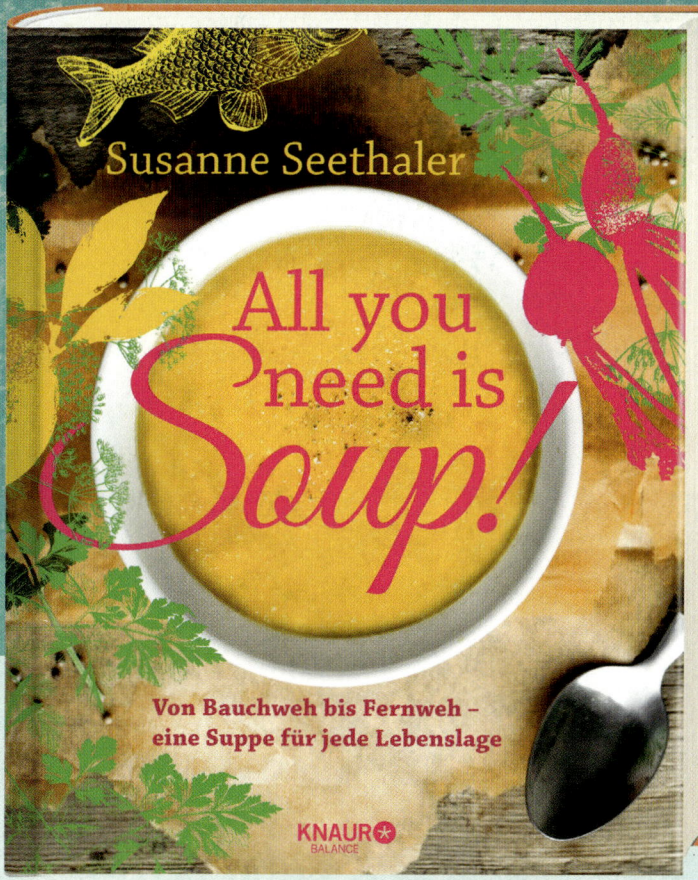

ISBN 978-3-426-67526-7

Susanne Seethaler

All you need is Soup!
Von Bauchweh bis Fernweh – eine Suppe für jede Lebenslage

Für die bekannte Zen-Köchin Susanne Seethaler gibt es kein Leid an Körper und Seele, das nicht mit einer Suppe gelindert werden könnte. Suppen haben nicht nur Heilwirkung bei vielen Beschwerden, sondern sind u. a. auch Energiespender für den Alltag, helfen beim Einschlafen, entschlacken den Körper, verführen die Gäste und machen gute Laune.

50 Suppenrezepte – garniert mit kurzen Geschichten aus der Welt des Suppenzaubers, mit Infokästen über spezielle Wirkungen der Zutaten und raffinierten Kochtipps.

ISBN 978-3-426-67502-1

Stefanie Reeb, Thomas Leininger
Süß & gesund
Backen ohne Zucker, Laktose, Eier und Weizen

Ganz dem Rhythmus der Natur und den Jahreszeiten folgend, präsentiert die leidenschaftliche Bäckerin köstlich vegane Rezepte für Soul-Cakes und -Cookies, die dem Gaumen und der Seele guttun. Dabei berücksichtigt sie die heilende Wirkung der verwendeten Kräuter und Pflanzen und gibt Back-Empfehlungen zur Steigerung des persönlichen Wohlbefindens.